Plumes du Coq
Weyrich

La Grande Génération

La collection littéraire *Plumes du Coq* est publiée avec l'aide de la Fédération Wallonie-Bruxelles

Weyrich sa – 152, Luzery – B-6600 Bastogne (Belgique)
Avenue Louise 130A (6e étage) - B-1050 Bruxelles (Belgique)
32(0)61 27 94 30 – www.weyrich-edition.be
Mise en pages et composition : Weyrich Édition

Imprimé en EU

Dépôt légal n° D/2024/8631/22
ISBN 978-2-87489-949-2

BERNARD GHEUR

La Grande Génération

Plumes du Coq

Weyrich

Du même auteur

Fugue, nouvelles, François Denoël, Bruxelles, 1967.

Le Testament d'un cancre, roman, Albin Michel, Paris, 1970 (préface de François Truffaut).

La Scène du baiser, roman, Le Cri-Vander, Bruxelles, 1982.

Retour à Calgary, récit, Éd. ACE, Paris, 1985 (préface de René Henoumont).

Le Lieutenant souriant, roman, Renaudot et Cie, Paris, 1990. Rééd. Mijade, coll. *Zone J*, Namur, 2015.

La Bande originale, roman, Quorum, Ottignies, 1996.

Nous irons nous aimer dans les grands cinémas, roman, Labor, Bruxelles, 2004.

Les Étoiles de l'aube, roman, Weyrich, Prix Marcel Thiry 2012, Prix des Lycéens 2013.

Un Jardin dans les Rocheuses, récit, Weyrich, 2013.

Liège 1944 – Le Premier Américain, ouvrage historique illustré, Weyrich, 2014.

Les orphelins de François, récit, Weyrich, 2021.

Ouvrages collectifs

Il était douze fois Liège, Pierre Mardaga Éditeur, 1980.

La grande boucle, Quorum, 1996.

Au fil du temps, Castor Astral, 1999.

Promenades liégeoises, Éd. du Céfal, 2005.

Suivez mon regard! Institut du Patrimoine wallon, 2011.

Amour, amour. Dix nuances d'amour, Weyrich, 2015.

Nous n'irons pas à Stellarton

Enfants, mon frère Jean-Paul et moi étions inséparables. Nous avons découvert le monde ensemble, côte à côte. Les trajets en tram, du Pont-d'Avroy à Coronmeuse. Les grands films d'aventures, au Crosly, *au* Forum… *Quand l'obscurité se faisait dans la salle pour laisser entrer le rêve, nous échangions des coups de coude enjoués.*

Jean-Paul avait deux ans de plus que moi. Il usait de son droit d'aînesse. Quand je l'ai rejoint à l'école primaire, il a d'emblée distribué les rôles : « On disait que j'étais d'Artagnan, et que toi, tu étais Planchet, son valet. Donc, tu devras porter ma mallette pour revenir à la maison. »

Et puis nos chemins se sont séparés. Il a pris son envol. Nos différences se sont accentuées. Mais rien ne nous a fait oublier la connivence qui fut la nôtre dans l'enfance.

Jean-Paul sillonnait le monde avec Sylvie et leurs cinq enfants. Pour finir, il s'était fixé en Floride. Il avait l'allure d'un vieux pirate dans L'Île au trésor. *Il lui restait un rêve à réaliser. Visiter Stellarton, la petite ville de Nouvelle-Écosse, au Canada, où John, notre père, avait vu le jour en février 1912. Il a déniché la déclaration de naissance, avec l'adresse d'Ernest et Marthe, nos grands-parents :* Mount Pleasant Street. *Leur maison à colonnes, de style victorien, existe-t-elle encore ? Il m'incitait, dans ses courriels, à le rejoindre là-bas.*

Jean-Paul est mort à Smyrna Beach, en Floride, le 22 février 2024. Nous n'irons pas à Stellarton.

Ce frère aîné, infiniment curieux du monde, était un personnage de roman tout trouvé. Il apparaît dans chacun de mes livres. Je lui dédie La Grande Génération.

B.G.

Les personnages

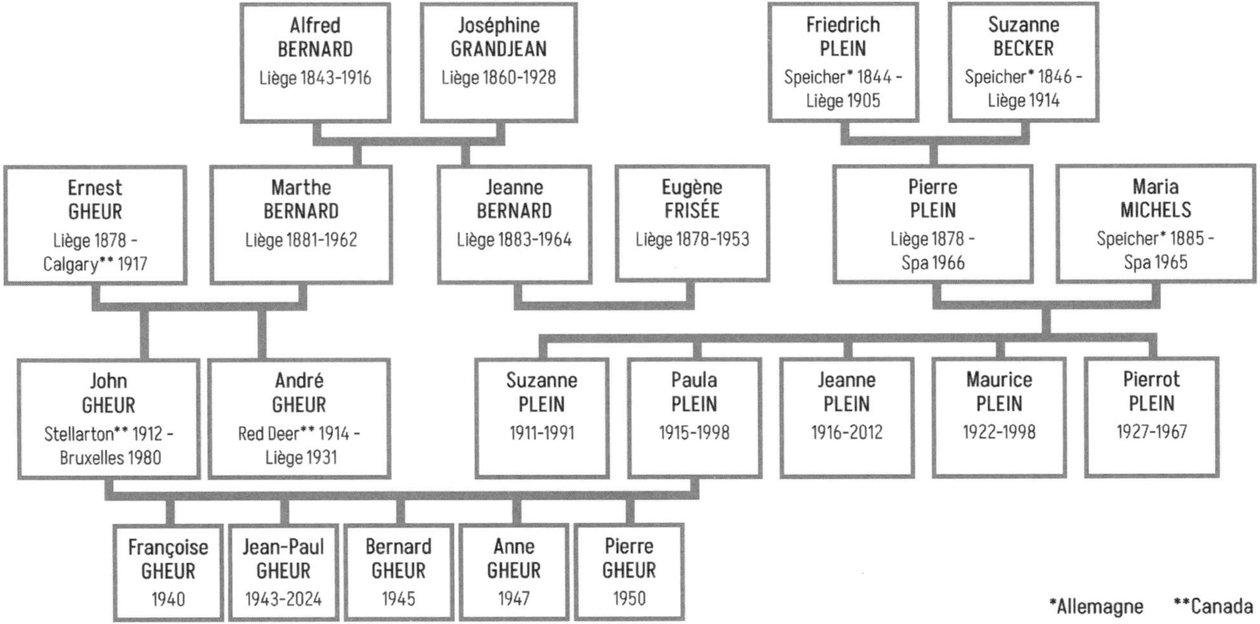

*Allemagne **Canada

Première partie

JOHN ET PAULA

1.

Été 1950

Salut, papa !

T'ai-je jamais écrit une vraie lettre, un peu longue ?

Le récit que j'entame aujourd'hui, je te l'adresse, même si tu n'es plus là. L'idée de t'avoir pour destinataire me donne de l'élan.

Ne pas écrire tout seul. Mais seul à seul.

Oui, je veux faire le voyage avec toi.

Comme le jour où tu m'as embarqué dans notre nouvelle voiture. Une Ford Fairlane 1950, grenat, confortable et silencieuse, succédait à notre Jeep Willys 1945, tonitruante, épatante.

Nos randonnées familiales en Jeep remontent à une ère préhistorique – celle où je ne savais pas encore écrire. Il m'en reste quelques petites photos en noir et blanc, et des bribes de souvenirs.

Ce matin-là, tu as quitté Spa – seul avec moi ! – pour rendre visite à un ami, rencontré en Allemagne dans un camp de prisonniers de guerre, et devenu moine bénédictin à l'abbaye de Clervaux, dans le Luxembourg.

De ma vie, je n'avais jamais voyagé aussi loin.

J'avais cinq ans et demi.

Toi, à cet âge-là, tu habitais dans une petite ville de l'Ouest du Canada. Tu avais déjà traversé deux fois l'Atlantique en paquebot. Et ton papa venait de mourir, à Calgary.

Il s'appelait Ernest. C'était un ingénieur des mines, un prospecteur de gisements de charbon dans les montagnes Rocheuses. Sur des photos anciennes, on le voit parcourir à cheval les grandes forêts peuplées d'ours et de loups. Un éclaireur indien l'accompagnait.

J'ai oublié le nom de ton ami religieux, que tu avais connu pendant la guerre. Personne ne peut plus me le dire. Il appartenait à une génération qui n'existe plus, presque à un monde disparu. Et ses traits se sont effacés de ma mémoire.

Ce jour-là, j'étais assis à ta droite, papa. Les sièges de la voiture avaient une odeur de neuf. Cela nous changeait de la Jeep qui sentait si fort l'essence. Je m'imaginais dans la peau du copilote, au cours d'un rallye automobile. Quelle équipe ! Tu peux foncer, papa !

Tu disais : « Allons-y doucement. Le moteur est en rodage. »

Notre voyage à deux, même si nous n'avons guère parlé en cours de route, me laisse un grand souvenir. Garder le silence ensemble, voir le paysage défiler, de vallon en vallon, suffisait à notre bonheur. Il faisait si chaud ! Nous roulions fenêtres ouvertes. Parfois je sortais la tête pour être rafraîchi par le vent.

À Clervaux, impressionné par l'atmosphère de l'abbaye, séduit par la douceur des chants qui montaient de l'église, encouragé par la bonhomie de ton ami bénédictin, je lui confiai soudain :

« Je voudrais devenir prêtre ! »

Conscient d'avoir lâché une énormité, j'ajoutai, plus bas :

« C'est un secret ».

Qu'est-ce qui m'avait pris ? Je n'avais jamais songé à une carrière de ce genre. Aviateur américain, oui. Champion cycliste, oui. Boxeur, oui. Trappeur peut-être, si tout va bien. Mais curé ! Je voulais juste être agréable à ce moine sympathique. Pourvu qu'il ne me prenne pas trop au sérieux !

Cher papa, pendant le voyage retour, nous n'avons pas parlé davantage qu'à l'aller. L'annonce de ma vocation précoce n'avait pas l'air de t'épater. Toi, en ce temps-là, tu m'appelais encore Binouche, mon petit nom, qui tombait en désuétude. Tu n'étais pas si souvent à la maison et tu n'avais peut-être pas remarqué que Binouche ne se disait plus guère. Pourtant je n'étais pas pressé de devenir Bernard. Dans les moments de rêverie, il m'arrivait de sucer mon pouce.

Tu as pris une petite route sinueuse à travers bois. Selon toi, c'était un raccourci plutôt qu'un détour. Et puis tu as ralenti et tu m'as montré, trônant au sommet d'une vaste prairie en pente, *le château de Hautregard*. Tu t'es arrêté un instant, pour l'admirer.

Le château, flanqué de deux tourelles circulaires, semblait nous regarder de haut. Je sentis qu'une histoire du passé te rattachait à lui. Comme nos pères nous restent mystérieux !

Le soir venait. Tu m'expliquas le sens de l'expression « entre chien et loup ». Nous ne vîmes ni loups ni chiens, mais, en haut d'une côte, toute une bande de petits lapins nous barrèrent le chemin. Tu freinas juste à temps. Ils restaient là, sidérés par nos phares. Leurs yeux brillants nous fixaient.

Tu diminuas la puissance des phares. Les lapins, libérés du sortilège, se dispersèrent dans les fourrés. Nous poursuivîmes notre route.

« Spa, c'est encore loin ? demandai-je.

— Non. Dors un petit peu, si tu veux. »

Sur le siège arrière de la voiture, il y avait, emballée dans du papier de soie, une statuette de saint Bernard.

Ce jour-là, c'était ma fête.

2.

Un murmure de feuillage et d'eau vive

9 mars 2022

Je reviens d'Érezée, en Haute Ardenne. Le pays de tes vacances d'enfant. Celui aussi de tes combats dans l'Armée Secrète, en 1944. Tu nous y conduisis quelquefois. Mais la région de Spa nous était beaucoup plus familière.

Pendant toute cette journée, j'ai suivi ta trace, cher papa.

Tu étais très présent dans mes pensées tandis que je marchais sur des chemins de terre, sous un tendre soleil de mars.

Un couple ami participait à la promenade. Denise et Vincent habitent du côté d'Érezée. Ils ont orienté mes recherches.

J'avais besoin de guides. C'est une région boisée, montueuse et sauvage, avec ici et là, à l'écart de la grand-route, des petits villages bien cachés, aux noms charmants, Amonines, Fanzel, Briscol…

Et ce nom de Briscol m'évoquait le port de Bristol, qui m'avait fait rêver dès la première page de *L'Île au trésor…*

Je me reporte au temps où mon père tenait sur la route de Bristol, à deux ou trois cents pas de la côte, L'Auberge de l'Amiral-Benbow.

Quel beau début de roman !

Dans ce coin de l'Ardenne, il y a aussi d'anciens moulins, des fermes-châteaux. La petite rivière qui coule au pied de la colline d'Érezée s'appelle l'Aisne. Elle prend sa source dans la fagne et se jette dans l'Ourthe. Une bien modeste rivière ; il ne faut pas la confondre avec l'Aisne française, affluent de l'Oise.

Marthe, ta maman, t'emmenait en vacances à Érezée chaque été, avec André, ton jeune frère.

Ton nom officiel est Jean. Mais, en anglais, c'est un prénom féminin. Depuis ta petite enfance, passée en plein Far West, au temps des pionniers, tout le monde t'appelait John. Seule Paula, notre maman, disait Johnny. Surtout quand vous étiez jeunes.

John était aussi ton nom de guerre.

Le lieutenant John.

L'hôtel *Belle-Vue*, où séjournaient Marthe et ses deux fils, disposait d'une grande terrasse, d'un jardin et d'un court de tennis, en contrebas. On y retrouvait les habitués. Et des jeunes filles qui faisaient les yeux doux aux deux beaux garçons de Liège, d'une table à l'autre, pendant les repas.

Chaque été, le patron de l'hôtel *Belle-Vue* organisait un bal costumé. Sur une photo en noir et blanc, les jeunes pensionnaires, serrés les uns contre les autres, sont déguisés de trente-six manières. En scrutant cette image à la loupe, j'observe un détail : ton frère André enlace une jolie brunette ; leurs mains semblent se caresser. Je ne voyais pas André sous ce jour-là. Cet oncle que je n'ai pas connu, on me le décrit comme un garçon à la fois timide et téméraire, souvent plongé dans un livre.

John allait au bord de l'Aisne. Avec une canne, il cherchait de belles pierres – voire des pépites d'or – dans l'eau limpide et peu profonde.

Ou alors il s'écartait de la rivière enchantée, pleine d'un murmure de feuillage et d'eau vive, entravée par des troncs d'arbre glissants. Il s'enfonçait dans la forêt infinie. Son frère et quelques copains le suivaient en silence, d'un pas agile.

Vous marchiez en file indienne, à la merci d'une embuscade. Une bande ennemie vous tombait dessus, vous attaquait à coups de pommes de pin. Vous étiez poignardés. Scalpés peut-être.

Tantôt Peau-Rouge, tantôt trappeur, tu as été tué des dizaines de fois, cher papa, dans la forêt de ton enfance. Ou ligoté à un arbre. Au bout de quelques minutes, une jeune fille rieuse venait desserrer tes liens.

À la longue, tu connaissais par cœur les meilleures cachettes dans les bois, les postes d'observation d'où l'on peut guetter l'adversaire.

Tu étais blond.

Adolescent, tu as commencé à ramener tes cheveux en arrière, à les brillantiner, selon la mode de ce temps-là.

Denise et Vincent, mes compagnons de promenade, me montrent l'ancien hôtel *Belle-Vue*, dans le cœur d'Érezée. Son enseigne a été effacée. Il est devenu, me dit-on, un centre d'accueil pour réfugiés.

Ayant contourné le bâtiment, j'aperçois les fenêtres de la grande salle à manger. Un escalier descend vers le jardin. Il n'y a personne là-bas. Je renonce à pousser plus loin mon intrusion dans le passé.

Parmi les pensionnaires extraordinaires de l'hôtel *Belle-Vue*, il y eut un Chinois, qui lisait les lignes de la main. Et puis tu me racontais, papa, que vers la fin des années 1930, un jeune comédien belge, Raymond Rouleau, et sa femme, Tania Balachova, séjournèrent à Érezée. On les voyait déambuler dans le jardin de l'hôtel en récitant les alexandrins d'une pièce de Racine.

Raymond Rouleau allait connaître la renommée à Paris : il jouait le couturier-don Juan dans *Falbalas*, le beau film de Jacques Becker, sorti en 1945.

L'été 1944, tu es revenu dans la région d'Érezée pour un séjour secret. Très risqué celui-là. Les maquisards avaient leur poste de commandement dans un hameau perché sur les hauteurs.

Cet après-midi, Denise et Vincent me mèneront à la ferme isolée d'où sont parties, à l'aube du 9 septembre 1944, les cinq patrouilles d'éclaireurs de *l'Escadron mobile*. Les bois dans la vallée de l'Aisne grouillaient de soldats allemands en retraite.

3.

À la poursuite du pavillon vert

Le matin du 26 mars 1980, mon père a pris le train pour Bruxelles. Il voulait assister à la messe de funérailles d'un vieil ami, dans la basilique de Koekelberg.

Nous étions mariés, Agnès et moi, depuis dix ans.

Notre fils François allait avoir six ans. Et son petit frère, Charlie, aux cheveux roux acajou, venait de souffler d'un coup les quatre bougies plantées dans son gâteau Moka.

L'été précédent, John avait été victime d'une nouvelle crise cardiaque. Son médecin ne lui laissait guère d'espoir.

Ce qui n'empêchait pas mon père de rester « sur le pont ».

Il n'était plus armateur fluvial. Sa petite société – *Le Lièvre* – n'existait plus.

À Anvers, Rotterdam, Dordrecht, Ruhrort, Paris, Conflans-Sainte-Honorine, à Seraing, au pays des hauts-fourneaux, des ciels qui rougeoient la nuit, plus aucun chaland ne battait le pavillon vert marqué d'un lièvre blanc, bondissant.

L'arrivée des barges géantes, des convois poussés sur les fleuves et les canaux, avait chassé peu à peu les chalands, les péniches si chères à Georges Simenon, avec leur maison naine, habitée par le marinier et sa famille.

De tous les paysages de son enfance, c'est Coronmeuse que le romancier liégeois préférait.

Sa tante Maria, l'une des sœurs de sa mère, tenait là-bas une buvette-épicerie pour bateliers. Les Simenon s'y rendaient les dimanches d'été, à pied, par souci d'économie.

Une sacrée trotte ! C'était tout au bout de la ville, après le quartier du Nord. La petite famille Simenon franchissait le pont Maghin et longeait la Meuse par la rive gauche. Le quai Saint-Léonard paraissait interminable. Nombre de façades arboraient des enseignes d'armateurs. Ensuite on prenait, en contrebas, le quai de Coronmeuse, planté de grands arbres, et bordé par un canal qui, à l'époque, allait jusqu'à Maastricht.

On arrivait à Herstal. Et l'horizon s'ouvrait. Voici les grands espaces, le chien et loup entre ville et campagne.

Georges apercevait enfin, à l'entrée du port de Coronmeuse, la buvette-épicerie de la tante Maria.

Alors le petit garçon s'émerveille.

On lit dans *Pedigree*, le roman autobiographique de Simenon :

« Cent, deux cents péniches, peut-être davantage, reposent flanc contre flanc, parfois sur dix rangs, dans une vivifiante odeur de goudron et de résine. »

Adolescent, Georges reviendra flâner tout seul le long du canal. Et rêver.

Au cœur des années 1950, il ne restait plus qu'un petit tronçon du canal Liège-Maastricht. Mais le port de Coronmeuse était encore actif. Je puis en témoigner.

On y déchargeait des briques ou je ne sais quoi. Le halètement des remorqueurs à vapeur n'en finissait pas. Nous percevions leurs souffles lointains, chaque jeudi, depuis la vieille maison de la place Coronmeuse où demeuraient notre grand-mère, dite « Mammy », Jeanne, notre grand-tante, et Eugène, notre grand-oncle. – Un fameux trio, à l'affection débordante, qui nous choyait de mille manières.

L'un de mes plus anciens souvenirs se rattache à ces lieux.

Un souvenir vague, enfoui dans la nuit de ma petite enfance, qu'une lettre de ma grand-mère éclaire un peu.

J'avais quatre ans. Mon frère Jean-Paul, six ans, achevait sa première primaire.

C'était en juillet 1949. Mammy nous gardait dans notre maison de la rue Trappé tandis que nos parents passaient quelques beaux jours en Suisse, avec oncle Eugène et tante Jeanne.

Ma grand-mère écrit à mes parents :

« Mes chers John et Paula,

Vous devez vous rappeler que Jean-Paul avait promis à son maître des cendrées rouges pour la surprise de lundi.

Cet après-dîner je m'embarque, avec Bernard, pour Coronmeuse, par une chaleur torride ; oncle Eugène m'avait précieusement remis une clé du verrou de notre porte, soigneusement emballée dans un papier, avec toutes les recommandations d'usage.

Évidemment, cette clé ne marchait pas et je n'ai pas pu ouvrir la porte ! Bernard et moi, nous tînmes grand conseil. Monsieur Müller, l'épicier du coin, fut assez aimable pour nous donner deux grands sacs de papier doublé, puis nous allâmes à pied le long de notre port jusqu'à l'endroit où les bateaux viennent décharger des briques. À l'aide de nos mains comme seuls instruments en notre possession, nous avons à peu près rempli les sacs. Nous étions à moitié morts de chaud. Nous fûmes tout heureux et tout aises de rencontrer le beau tram bleu pour nous ramener au Pont-d'Avroy. Reste à voir maintenant si nos morceaux de briques feront l'affaire du maître de Jean-Paul. »

Ah ! le tram bleu… Son apparition dans la petite lettre de Mammy me sourit. Je crois qu'il n'exista jamais qu'à un seul exemplaire. Il tranchait sur les banals tramways jaunes ou verts qui parcouraient Liège et ses faubourgs.

Le tram bleu nous fascinait. Son allure aérodynamique, son fuselage révolutionnaire, sa couleur elle-même, nous évoquaient l'Espadon de Blake et Mortimer, l'incroyable avion créé par Edgar P. Jacobs, dont le sort du monde dépendit, le temps de deux albums de bandes dessinées.

Ma grand-mère poursuit :

« Le lundi après-midi, je suis donc allée à l'institut assister aux leçons données aux élèves de première année par leur maître. J'avais pris Bernard avec moi.

Il y avait une bonne vingtaine de parents derrière les bancs des élèves ; il faisait une chaleur tropicale ; le pauvre maître s'épongeait la figure toutes les deux minutes, ce qui ne l'a pas empêché de donner une leçon de religion, une de calcul, une d'orthographe, une dictée. Cela m'a bien intéressée de voir la façon dont il donnait ses leçons, mais il faisait si chaud !

Ce soir, les deux garçons étaient déchaînés ; ils avaient gardé leur caleçon pour jouer à Tarzan dans la baignoire.

Bien affectueusement. Mammy »

Et les cendrées rouges récoltées dans le port de Coronmeuse, à la sueur de notre front ? Je me demande toujours à quoi elles pouvaient servir.

J'étais trop petit, trop mal placé dans la classe de Jean-Paul. Je n'ai rien vu du grand show de l'instituteur, auquel Mammy avait apporté sa pierre – ou ses morceaux de briques. Entre nos maîtres et nos parents – ou nos grands-parents –, c'était l'union sacrée.

Oui, dans les années 1950 encore, pour le promeneur des berges de la Meuse, le spectacle était permanent. Les belles péniches se succédaient. Elles débordaient de vie. Sur ce long bateau à fond plat, vous pouviez apercevoir un vélo, du linge mis à sécher, une femme vidant un seau dans le fleuve, des enfants qui jouaient, une cage d'oiseau, un roquet qui aboyait vers vous… Passait enfin, debout dans la cabine de pilotage, coiffé d'une casquette bleue, « le maître après Dieu du bateau en fer ».

Cette formule solennelle figurait sur le contrat d'affrètement à l'effigie du *Lièvre* que le capitaine devait remplir et signer.

Moi, maître après Dieu du bateau en fer…

Étant présentement à…, je m'engage, pour du premier temps favorable, à aller en droite ligne à… Je reconnais et confesse avoir reçu dans le bord de mon dit bateau, sous le franc tillac d'icelui de…

J'ai conservé, au fond de mon grenier, l'enseigne qui brillait jadis sur la façade de notre maison familiale de la rue Trappé. Cette plaque de cuivre est aujourd'hui toute noircie ; on y distingue à peine la silhouette du lièvre fantôme.

Les remous du bateau qui s'éloignait vous laissaient rêveur.

Celui-là semblait si lourdement chargé. Que transportait-il ? Où allait-il ?

Lors de certains hivers très rudes, dignes des hivers canadiens, nos fleuves se couvraient de glace. En février 1963, papa rejoignit à Revin – à l'entrée de la pointe de Givet – le *Jean-Paul* pris dans les glaces. Il ravitailla le marinier et sa famille. Il photographia le bateau prisonnier.

Quels étaient les noms des chalands de papa ? Dans quel annuaire ancien les trouverais-je ? Je me souviens du *Bonne Mère*, du *Ménapien*, du *Nervien*, de l'*Éburon*, du *Maurice*, du *Reine des Mers*, du *Jean-Paul*... Mais les autres ?

Papa avait dû les vendre un à un. Le pavillon vert était une peau de chagrin.

Ont-ils encore un peu navigué, sous un autre pavillon ?

Le plus vieux de ces bâtiments, le plus gros, le *Reine des Mers*, fut le premier envoyé à la casse. « Déchiré », comme disent les marins.

De ses déchirements successifs, papa ne nous a jamais dit un mot. Déjà, au temps de la splendeur du *Lièvre*, il ne nous expliquait guère les métiers du fleuve. Mais quand il nous emmenait, dans sa Mercury bicolore – chocolat blanc, chocolat fondant –, à la recherche de l'un ou l'autre de ses bateaux en mission, quand nous guettions le pavillon vert du *Lièvre*, quand le maître après Dieu du *Jean-Paul* ou de l'*Éburon* nous accueillait à son bord, quand nous posions le pied sur le monde mouvant, et, par un escalier raide, descendions dans la cabine d'habitation, papa nous donnait à vivre toute la poésie de la navigation intérieure.

La poésie de *L'Atalante*, le film de Jean Vigo.

Un copain m'avait demandé :

« Ton père, c'est un amiral ? »

John commandait en effet une petite flotte de bateaux.

« Oui. Si tu veux. Mais il ne navigue pas lui-même. C'est un armateur. »

Pourquoi les capitaines des chalands de la société *Le Lièvre* étaient-ils tous hollandais ? Le teint cuivré, l'œil malin, le rire tonitruant, ils nous évoquaient les flibustiers embarqués sur l'*Hispaniola*, dans *L'Île au trésor*. Chien Noir, Long John Silver, Billy Bones…

Ayant lui-même l'âme nomade, John s'entendait bien avec les gens du fleuve. Il parlait leur langue : un drôle de flamand, pas celui que l'on nous apprenait à l'école. « L'amiral » de la flotte choyait les familles de ses capitaines. La femme de Matthieu Devos souhaitait-elle une cabine d'habitation plus spacieuse, un aménagement de sa cuisine ? Elle l'obtenait. L'amiral John ne savait pas dire non. Pas plus à ses capitaines qu'à ses enfants.

À ce jeu-là, l'argent file. Le capital prend l'eau. Les créanciers se font pressants.

Après le naufrage de la société *Le Lièvre*, mon père était devenu secrétaire général de la Chambre syndicale des affréteurs fluviaux. Sa nouvelle mission lui allait mieux que le rôle de patron. Il était le « Monsieur Bons Offices » de la batellerie.

Un jour, il me dit : « Je gagne à peu près la même chose qu'un éclusier. »

Je me souviens qu'il faisait très froid, le matin du mercredi 26 mars 1980, quand John avait pris le train de Bruxelles. Il ne pouvait manquer de saluer un vieux camarade qui s'en allait.

À la sortie de la messe, mon père s'est dirigé vers les membres de la famille du défunt, réunis sur le parvis de la basilique de Koekelberg. Sans doute avait-il le sourire en retrouvant ces figures amies. Il a tendu la main. Il s'est écroulé. Comme atteint par une balle perdue.

Bouleversés, nous sommes arrivés en début d'après-midi à l'Hôpital Français, proche de la basilique. Et l'on nous a introduits dans une salle où papa reposait, tout habillé, sur un lit. Tout chic, selon son habitude.

Il avait l'air serein. Comme plongé dans un profond sommeil d'enfant.

Je le regardais…

Et je le revoyais, jeune homme, allongé sur le plancher de son bureau. Immobile, les yeux clos.

C'était son yoga à lui.

Nous nous approchions en douce de ce drôle de papa qui faisait le mort. Devinant notre présence, il ouvrait les yeux, se relevait d'un bond.

Papa avait une autre habitude curieuse : dans un élan de jubilation, de pure joie de vivre, il se frottait longuement les mains, avec une extrême ardeur.

4.

Tintin et le lion de l'Armée Secrète

Nous aimions rejoindre papa dans son bureau. Cette pièce du deuxième étage, à l'arrière, était la plus lumineuse et la plus ordonnée de toute la maison. Elle avait une odeur de cire, mêlée à l'arôme du tabac de la Semois.

Au milieu de la cheminée en marbre noir, une petite statue en terre cuite donnait le ton. C'était saint Bernard debout, revêtu de sa bure, représenté dans la plus belle attitude du monde : il lisait. Une lampe de mineur décorait aussi cette cheminée.

Trois bibliothèques vitrées couvraient un mur entier.

La table de chêne était débarrassée de tout, sauf d'un pot à tabac et d'une haute lampe articulée où nous nous brûlions les doigts quand nous passions, en pyjama, dire un dernier bonsoir à papa. Au fond du grand tiroir : toujours le paquet blanc et bleu de cigarettes anglaises *Players Navy Cut*, orné de la figure d'un marin.

Quoi encore ?

Le lion de l'Armée Secrète – l'A.S., comme il disait – rugissait sur une oriflamme. Le dessin avait une touche un peu naïve. Avec sa gueule d'un jaune trop éclatant, insérée dans un triangle noir et rouge, ce lion n'avait pas l'air bien redoutable. Il aurait pu sortir d'un livre pour enfants.

Papa ne nous lisait jamais les albums de Tintin. C'était le rôle et le plaisir de maman. Nous étions tous serrés auprès d'elle sur le grand divan brun du salon. Et ce divan devenait un vaisseau capable de nous transporter vers toutes sortes de pays. Et même vers la Lune. Le son de la voix de maman faisait partie du charme.

Mon père avait un avantage sur elle : il avait bien connu Tintin pendant la guerre.

« Le vrai Tintin ?

— Bien sûr !

— C'était où ?

— En Allemagne. Dans un camp de prisonniers.

— Ah oui ? Raconte.

— Tintin était très gentil et très courageux. Il ne pensait qu'à s'évader. Un magistrat, prisonnier avec nous dans l'*oflag*, l'avait aidé à rédiger son testament avant l'une de ses tentatives d'évasion. »

Le vrai Tintin, en chair et en os, c'était le jeune officier de cavalerie Paul Remi, frère cadet de Georges Remi, dit Hergé. Pour créer le petit reporter, le dessinateur avait pris son frangin pour modèle : visage rond, houppe rebelle, bravoure à toute épreuve.

Je me souviens d'une aquarelle, accrochée à gauche de la cheminée, dans le bureau de papa. Qu'est-elle devenue ? On l'aperçoit, en petit, sur une photo. Je peux la reconstituer de mémoire. Elle montrait quelques jeunes gens couchés dans l'herbe, à plat ventre. Ainsi que des guetteurs. À l'arrière-plan, au-delà des barbelés, l'artiste avait esquissé des visages de femmes et de jeunes enfants, qui se détachaient dans une sorte de brume.

Visages rêvés par les prisonniers de guerre.

La mort soudaine de John, à soixante-huit ans, laissait Paula dévastée. Incrédule.

La guerre l'avait souvent privée de sa présence.

Mais ici, son cher Johnny allait trop loin.

À cette époque, maman enseignait le français dans une école professionnelle de la banlieue liégeoise. À plus de cinquante ans, grâce à sa licence en philosophie obtenue avant la guerre, elle s'était lancée dans une carrière de professeur. Par nécessité, mais avec enthousiasme. « J'ai toujours rêvé d'enseigner », me disait-elle.

Ses élèves – coiffeuses et esthéticiennes – la trouvèrent très amusante.

Et jamais maman ne fut aussi bichonnée, aussi blonde, qu'en ce temps-là.

À la mort de papa, elle reçut de ses élèves une lettre touchante. Je viens de la découvrir dans ses archives.

« Petite Madame Gheur,

Vous nous avez pourtant appris que la langue française était riche, mais malgré nos efforts nous ne trouvons pas les mots qu'il faut pour vous soulager. Notre petite classe est de tout cœur avec vous et nous vous embrassons très fort (car nous vous aimons toutes beaucoup). »

Un autre message de condoléances retient mon attention. Il est signé *Simonne*, une amie de jeunesse de John et Paula.

Mon père est mort devant elle, sur le parvis de la basilique de Koekelberg. Simonne était la sœur de celui dont on venait de célébrer les obsèques.

Simonne !

Un tel caprice du destin n'était pas fait pour plaire à Paula. Jusqu'à ses fiançailles avec John, elle avait considéré cette jolie Bruxelloise comme une rivale.

Le 27 mars 1980, Simonne écrit à Paula :

« Après de nombreuses années, mon mari et moi étions heureux de revoir John à la sortie de la basilique. Il s'est effondré presque aussitôt. Il a rendu le dernier soupir dans les bras de notre plus jeune fils… Affreusement triste ! C'est terrible pour toi et les tiens, mais dis-toi qu'il n'a pas souffert. Ce fut foudroyant. »

5.

Retour dans la vallée heureuse

J'ai sous les yeux le dernier agenda de John.

Petit carnet brun, doré sur tranche. *Agenda de l'Homme Moderne :* telle est la marque. Un homme moderne, mon père ?

Francophile, oui. La section cartographique du carnet s'ouvre sur un plan de Paris. Le pays que John l'armateur aimait tant parcourir en voiture est détaillé sur plusieurs pages, avec les distances kilométriques de ville à ville.

Pour le premier trimestre 1980, il avait noté de nombreuses activités.

Rendez-vous à Bruxelles, rencontre à Anvers… Séminaire à la C.E.E… Association des Maîtres bateliers, Fonds de la Batellerie rhénane… Réunion de l'Équipe Notre-Dame chez Denise et Léon Halkin, de vieux amis.

Un trombone est resté attaché à la page du *mercredi 26 mars*. Papa y avait fixé son billet de train Liège-Bruxelles aller-retour, ainsi qu'un carton indiquant son groupe sanguin et son facteur rhésus. Le billet de train et le carton s'y trouvent encore.

La piste s'arrête là.

Je reviens quelques pages en arrière.

Dimanche 2 mars.

Papa avait écrit GIVET en rouge et en lettres capitales. Ce jour-là, il s'était offert une escapade solitaire jusqu'au port fluvial des Ardennes.

Il nous y conduisait quelquefois, enfants, dans la Mercury 1954 bicolore. Nous regardions la Meuse défiler : de plus en plus jeune, de plus en plus svelte, de plus en plus sauvage. Et puis la France montrait le bout du nez : nous arrivions dans la petite enclave de Givet.

Qu'allions-nous faire là-bas ? Le *Reine des mers* avait une avarie. Il fallait un homme de plus à bord. Papa amenait du renfort : un grand dadais prénommé Piet, un jeune Batave, tout heureux de cette balade en voiture sur les toboggans des routes ardennaises. Nos collines étaient, à ses yeux, des montagnes.

Le dimanche 2 mars 1980, au volant de sa petite Citroën bleue, John avait donc parcouru la jolie vallée, le fleuve serré entre deux rideaux de forêts.

À Givet, l'ancien armateur s'était assis sur un banc public. Il avait contemplé les péniches amarrées bord à bord, les pavillons aux couleurs vives, frémissant sous une brise légère. Il avait savouré la caresse du soleil neuf, avant-coureur du printemps.

Mon père avait-il discuté avec l'un des bateliers ? Je ne crois pas. Il évitait de se faire remarquer. Il aimait contempler la vie, les badauds.

Ce jour-là, John avait renoué avec la jeune Meuse de France, chantée par Charles Péguy, si différente du puissant fleuve gris qui traversait Liège.

Ah ! Péguy…

Ma grand-mère maternelle, Maria, avait vécu en Allemagne jusqu'à ses vingt-cinq ans. Elle gardait son bel accent germanique, à la Maria Schell, à la Romy Schneider. Elle avait une petite chienne nommée Peggy, qui gambadait dans sa villa de Spa.

Je ne connaissais personne qui s'appelât Peggy. (Je n'avais pas encore vu le film américain *Les plus belles années de notre vie*, dans lequel une jolie actrice au sourire triste incarne une Peggy.)

En revanche, j'avais trouvé dans la bibliothèque de papa un recueil de poèmes de Charles Péguy : un bouquin aux pages jaunies, au suave parfum d'antan, intitulé *Le Mystère de Jeanne d'Arc*.

De Peggy à Péguy, il n'y avait qu'un pas.

Quand bonne-maman disait :

« Viens, Peggy. Assis ! Allez, Peggy, montre la belle patte. Attrape la baballe… »

Moi, j'entendais :

« Viens, Péguy. Assis ! Allez, Péguy… Attrape la baballe ! »

Ainsi, ma grand-mère avait donné le nom d'un poète français à son cher petit fox-terrier à poil dur. Je trouvais ça plutôt fair-play de la part d'une Allemande.

Le premier poème du recueil de Péguy – *Adieu à la Meuse* – m'enchantait.

Adieu, Meuse endormeuse et douce à mon enfance,
Qui demeures aux prés, où tu coules tout bas.
Meuse, adieu : j'ai déjà commencé ma partance
En des pays nouveaux où tu ne coules pas.

Le Peggy de ma grand-mère était gentil. Mais il ne fallait pas trop exciter le chien poète, le gros gâté de la villa de Spa. Bonne-maman le lavait parfois dans une bassine, avec la folle énergie qu'elle mettait à faire sa lessive.

L'aspect du petit chien, redevenu aussi blanc qu'une boule de neige, nous étonnait. Il nous semblait tout rétréci, comme l'éléphant Dumbo après son bain, dans le dessin animé de Walt Disney.

Debout sur une chaise, j'ai recherché *Le Mystère de Jeanne d'Arc* sur le rayon le plus élevé de ma bibliothèque. J'ouvre le vieux livre. Je le renifle. Je lis…

Et pendant ce temps-là, Meuse ignorante et douce,
Tu couleras toujours, passante accoutumée,
Dans la vallée heureuse où l'herbe vive pousse,
Ô Meuse inépuisable et que j'avais aimée.

Meuse qui ne sais rien de la souffrance humaine
Ô Meuse inaltérable et douce à toute enfance,
Ô toi qui ne sais pas l'émoi de la partance,
Toi qui passes toujours et qui ne pars jamais…

Le soir de ce dimanche 2 mars, je me rendis chez mes parents. L'obscurité envahissait les serres du Jardin botanique, en face de leur appartement.

Quelques enfants jouaient encore. On percevait leurs cris lointains.

Maman m'ouvrit la porte. Elle me dit :

« Papa est en balade. Il va rentrer. »

Paula ne s'inquiétait pas pour John. Elle lui avait toujours fait confiance. Elle était heureuse de le savoir lancé sur les routes de France. Coureur des fleuves, comme autrefois.

Papa revint à l'heure dite.

Je lui demandai :

« Et alors, Givet ? »

John ne répondit pas. Il souriait.

Son visage, marqué d'un coup de soleil, racontait son escapade en France, sa flânerie sur les quais de la Meuse. Et ce sourire-là révélait une allégresse profonde.

Je reprends le petit agenda de 1980.

Lundi 24 mars : le prénom BERNARD est écrit en grand. De même, *le 25 mars*. Papa était venu chez moi ces deux jours-là.

Je lui avais servi de dactylo pour son rapport annuel, destiné à l'assemblée générale des affréteurs fluviaux. Nous étions assis côte à côte. Il dictait. Je tapais. C'était bien. Je m'efforçais de lui fournir une belle mise en page, aérée.

Quand j'étais écolier, papa ne surveillait jamais mes devoirs. Ici, devenu journaliste, je l'aidais un peu à fignoler son rapport. *Tonnage, estarie, cargaison, connaissement, déchirage*... Le vocabulaire de la navigation me plaisait.

Nous avons été si proches, si complices, ce mardi-là. Comme sur la route du château de Hautregard, dans la Ford Fairlane. Trente ans plus tôt.

Papa ne m'a pas dit qu'il comptait se rendre à Bruxelles le lendemain matin pour assister à la messe d'enterrement d'un vieil ami. Quand il a quitté la maison, emportant les feuillets dactylographiés dans sa grosse mallette noire – celle que j'utilise encore maintenant –, nous nous sommes serré la main. Les embrassades n'étaient pas de mise entre nous.

Oui, les baisers de papa étaient des oiseaux rares. Je me les rappelle d'autant mieux. Un jour de ma jeunesse où j'avais réussi un important examen de droit, je le croisai dans la salle de bain. Il avait alors de gros soucis professionnels, et mon succès universitaire éclaircissait un peu son ciel.

Nous étions face à face. Ses yeux bleus restaient posés sur moi. Et puis, tel un adolescent intimidé qui se décide, il fit un pas vers moi et m'embrassa sur la joue. Pour lui, c'était tout dire.

John parlait si peu de lui-même.

J'aurais eu tant de questions à lui poser sur sa petite enfance au Canada, sa jeunesse, sa guerre dans l'Armée Secrète.

Par bonheur, il me restait des lettres à découvrir.

6.

« Chante, ris et sois gaie comme moi »

Venise, 8 mai 1909

Voilà ce qui est écrit, au crayon, sur une *cartolina postale.*

La photo montre Ernest et Marthe, mes grands-parents, place Saint-Marc, lors de leur voyage de noces. Le jeune couple est d'une élégance rare. Elle porte un chapeau volumineux, très chargé, style Belle Époque. Il a une moustache tirant sur le blond, une casquette claire de sportsman, un col haut et rigide.

C'est le grand dimanche de leur vie.

L'image, avec le temps, s'est assombrie. Marthe a un petit bouquet de fleurs dans les mains. Et son visage exprime une douceur que je n'ai jamais observée chez ma grand-mère.

À son côté, Ernest apparaît comme un homme déterminé. Ses yeux en amande, à la Clark Gable, il les tient de son père. On retrouvera ces yeux-là chez son fils John et chez certains de ses arrière-petits-enfants.

Mammy avait placé cette photo sur sa table de nuit, à Coronmeuse. Elle la revoyait dès son réveil. Preuve qu'elle n'avait pas rêvé ce voyage à Venise.

Nous lui demandions qui était le monsieur moustachu, à côté d'elle.

« Le papa de votre papa », répondait-elle.

Ernest Gheur est ingénieur, diplômé de l'École des Mines en 1901.

Il a été engagé par un charbonnage de Flémalle Grande, dans la banlieue industrielle de Liège. L'existence quotidienne, là-bas, ne sourit guère à la jeune mariée.

Les ingénieurs des mines formés à Liège sont très demandés à l'étranger. Et les locomotives qui sillonnent désormais le Canada, de l'Atlantique au Pacifique, sont fort gourmandes de charbon. À Stellarton – en Nouvelle-Écosse, sur la côte atlantique –, on exploite l'une des veines les plus épaisses du monde.

Quand *l'Acadia Coal Company* offre à Ernest un poste d'ingénieur à Stellarton (près de Halifax), le jeune couple n'hésite pas longtemps. La nouvelle Madame Gheur, née Marthe Bernard, parle l'anglais et l'allemand. Après ses études dans une école normale, elle a séjourné à Londres puis à Dresde. Son père, Alfred Bernard, ingénieur lui aussi, a dirigé un charbonnage.

D'après son contrat, Ernest pourra revenir en Belgique dans deux ans, au plus tôt, et prendre alors deux mois de vacances.

Le Canada est si loin : cinq jours de bateau, d'Anvers à New York. Et si vaste : cinq jours de train, de Montréal à Vancouver.

Entre la Belgique et le Canada, en ce temps-là, les seuls contacts possibles sont des lettres, des cartes postales, des télégrammes. Il n'y a pas encore de liaisons téléphoniques intercontinentales.

Marthe est amoureuse et rien ne lui fait peur.

En juillet 1910, le jeune couple traverse l'Atlantique à bord du *S.S. Lapland*, de la compagnie belge *Red Star Line*. Un paquebot qui ressemble comme un frère au *Titanic* de la *White Star Line*. En plus petit, bien sûr.

Ils débarquent à New York. Sur un registre que le visiteur peut encore consulter aujourd'hui à Ellis Island, dans la station des Immigrants, on signale que Marthe et Ernest ont les yeux bleus.

Avec nous, Mammy nuancera : « Mes yeux sont gris souris ».

Avant de quitter Liège, Ernest a été photographié aux côtés de ses deux grands copains du quartier du Nord.

J'observe ces trois jeunes messieurs de la Belle Époque, réunis dans le coin ensoleillé d'un jardin, devant un mur couvert de lierre. C'est dimanche, car on rivalise d'élégance. Celui-ci arbore un canotier, celui-là un melon et une grosse chaîne de montre.

Ils ont un cigare à la main. Ils viennent peut-être de déjeuner.

Je retourne l'image. Je vois une note de mammy : *Les trois amis – M. Plein, Eugène et Ernest.* Ce sont mes deux grands-pères, encadrant oncle Eugène. Le monde de mes aïeuls est petit : il se résume au vieux quartier du Nord, le quartier des armuriers, serré entre la Meuse et les collines boisées.

Eugène Frisée et Ernest Gheur sont d'éternels complices. Nés dans des maisons voisines, à quelques jours d'intervalle, ils sont sortis en même temps de l'École des mines. Ils deviendront beaux-frères : en octobre 1910, Eugène, le malabar au chapeau melon et aux moustaches en crocs, épousera la jolie Jeanne, jeune sœur de Marthe.

Eugène est facétieux. Pendant son voyage de noces à Genève, Lucerne, Stresa, il s'envoie tous les jours des cartes postales à son adresse liégeoise, avec des commentaires absurdes : *Temps exécrable – On ne voit rien ! – Regrets que ce soit lundi : on ne peut visiter l'Isola Bella. – Comme il faudra se lever tôt demain !* etc. Les cartes montrent de superbes paysages. Jeanne se prête au jeu. Elle ajoute sa signature, sans commentaire. Sauf une fois : *Je crois qu'Eugène devient un peu maboul !*

Quant au troisième homme, Pierre Plein, c'est un négociant prospère (grossiste en cristaux, verres, porcelaines). Il a des origines allemandes. Comment faut-il prononcer son nom ? « Monsieur Plein », à la française, correspond bien à sa rondeur, physique et morale.

En juillet 1910, alors que Marthe et Ernest Gheur traversent l'Atlantique, Pierre Plein séjourne à Speicher, au nord de Trèves, dans le massif boisé de l'Eifel. Il courtise une jeune fille de ce petit village, qui est le berceau de sa propre famille. Malicieux, il envoie à son copain Eugène Frisée une carte postale, avec ce commentaire : « Comme tu le vois sur la photo, je fais actuellement une année de service militaire en Allemagne. C'est la condition à remplir pour pouvoir épouser une Allemande ! »

La photo montre Pierre Plein coiffé d'un casque à pointe et revêtu d'un uniforme. La jolie demoiselle aux yeux clairs qui pose à côté de lui, dans un jardin, c'est Maria Michels, sa fiancée. Pour la photo-gag, Johannes, futur beau-frère de Pierre, lui a prêté les accessoires militaires.

Les jeunes gens qui se livrent à une petite blague innocente dans un jardin allemand ne peuvent se douter qu'une guerre dévastatrice éclatera quatre ans plus tard.

Que deviennent Marthe et Ernest ?

À Stellarton, ils découvrent les rigueurs et les splendeurs des hivers canadiens.

Leur fils John naît le 7 février 1912.

Dix semaines plus tard, le *Titanic* heurte un iceberg, à quelque 600 km au large de Terre-Neuve. Un point de l'Atlantique Nord pas tellement éloigné de Stellarton.

Et c'est sur le paquebot belge *Lapland* que les membres de l'équipage du *Titanic* rescapés du terrible naufrage seront rapatriés au Royaume-Uni. Ils voyageront discrètement, en troisième classe, pour éviter d'être harcelés par les journalistes.

Début juillet 1912, Marthe et Ernest doivent se quitter. Que se passe-t-il ? Le petit John dépérit. Ses parents sont très inquiets. Marthe séjournera chez sa mère, en Belgique, avec le bébé, pour qu'il soit bien soigné.

À bord du paquebot transatlantique, Marthe griffonne ces mots :

« Et toi, en ce moment, vis-tu en homme des bois, ou bien es-tu en pays civilisé ? J'aurais bien aimé aller avec toi là-bas. J'aime toujours voir du nouveau – et puis nous n'aurions pas été à des milles de distance pour un temps indéterminé, et puis je n'aurais pas eu un long voyage à faire seule ou à peu près. Mon plus grand souci en ce moment est la santé de John. Vous comprendrez bien cela, monsieur mon mari et monsieur son père. Et mon plus grand vœu est qu'il soit bien potelé quand tu le reverras.

Je me demande quand nous arriverons à Anvers. C'est la première fois cette année que le navire prend la route Nord. *Good bye for the present.* Je n'ai plus ni papier ni pointe à mon crayon (un crayon de bridge). Comme vous voyez, mon cher mari, toutes mes pensées sont avec vous ! »

Cet été-là, Ernest devient un homme de l'Ouest.

Il participe à trois expéditions à cheval dans les montagnes Rocheuses, pour examiner des gisements de charbon découverts en plein pays sauvage.

Dans ses lettres à Marthe, il raconte en détail ses équipées.

Les prospecteurs sont partis de Rocky Mountain House. Cet ancien fortin de trappeurs, dont les ruines subsistent au bord de la rivière Saskatchewan du Nord, est devenu une petite ville de western tout à fait typique, avec le saloon, le general store, les trottoirs de bois, la grand-rue boueuse. Un train arrive depuis quelques jours à Rocky Mountain House.

« Nos chevaux, écrit Ernest, étaient déjà sur l'autre rive de la Saskatchewan, où on les avait laissés en complète liberté. Ils paissent l'herbe des prairies, sans trop s'écarter du lieu choisi. On les rassemble assez facilement. Ce sont des poneys indiens, très intelligents et de pied sûr. On les voit traverser des marécages, suivre des sentiers abrupts et marcher en pleine forêt en évitant les troncs d'arbres renversés qui sont parfois excessivement dangereux. »

Il y a sept cavaliers.

Leur expédition jusqu'à la mine, à 110 kilomètres à l'ouest de Rocky Mountain House, demandera six jours. La traversée Anvers - New York en paquebot prend à peu près le même temps… Ernest note : « L'hiver, nous irons là-bas en traîneau sur la rivière gelée et ce sera beaucoup plus rapide. »

Un Indien Cree conduit les chevaux de bât et choisit l'endroit propice pour le campement d'une nuit. On dort sous le tipi. Un soir, on a cuisiné en plein bois les gigots arrière de deux jeunes ours tirés sur place. « Mes compagnons poussaient des grognements d'ours en sautant de joie », écrit Ernest. Aux étapes, l'ingénieur liégeois pêche le brochet dans un lac, au moyen de grenouilles vivantes. Stuart Kidd, l'approvisionneur, lui apprend à tirer des perdrix avec son revolver. « J'en ai tué une, j'en ai manqué au moins dix ! »

À la mine, le travail commence. Un tunnel de reconnaissance est percé à flanc de montagne. Le premier bureau des *Nordegg Claims* est une cabane en rondins, sur laquelle sèchent des peaux d'ours.

Martin Nordegg, l'homme d'affaires allemand qui a engagé Ernest, est un personnage flamboyant. Le Napoléon du charbon canadien, pourrait-on dire. En septembre 1912, il participe à la troisième expédition. Il donnera son nom à la cité minière qui sera bâtie dans la vallée de la rivière Saskatchewan du Nord.

Ernest prend de nombreuses photos, qu'il développe lui-même.

Bien des années plus tard, ces images jaunies feront l'orgueil de ses petits-enfants, fous de westerns. Conduits par mammy au cinéma l'*Américain*, rue de la Régence à Liège, Jean-Paul et moi verrons *Saskatchewan*, avec Alan Ladd et Shelley Winters, tourné par Raoul Walsh au bord de la rivière sauvage que Marthe et Ernest avaient adorée.

Sur l'écran large du *Forum*, dans *Au-delà du Missouri*, nous découvririons Clark Gable bivouaquant sous un tipi, tout comme notre grand-père.

En avril 1913, enfin, tout se décide et tout se précipite. En attendant que la cité minière soit construite, on habitera Red Deer, petite ville de l'Alberta, entre Edmonton et Calgary. Ernest télégraphie à sa femme de prendre le premier bateau pour New York.

La séparation, qui leur a tant pesé, aura duré neuf mois.

Marthe reçoit encore une lettre à bord du *S.S. Lapland* qui approche de l'Amérique. Cette enveloppe-là a été ouverte d'une main fébrile. Je l'ai sous les yeux : le papier déchiré témoigne de l'émotion de ma grand-mère.

Toronto, le 22 avril 1913

« Ma chère Marthe,

Je t'écris dans l'espoir que le bateau pilote t'apportera ma lettre, la dernière, une heure ou deux avant ton arrivée au port de New York.

Les cinq jours qui nous séparent encore me paraissent devoir être interminables. Je vais jeudi soir à Ottawa. Et le vendredi soir, je prends le train pour New York.

Le mal de mer t'aura-t-il épargnée cette fois ? Avez-vous rencontré des icebergs ? C'est la saison du *Titanic* ; j'y pense souvent et m'inquiète.

Si tu as reçu ma lettre à l'escale de Douvres, tu es déjà un peu au courant des raisons qui ont motivé mon télégramme. En tout cas, je réserve toute explication complémentaire pour notre tant désirée conversation. Comme ce sera doux d'entendre de nouveau ta voix ! Et puis, il y a le petit bonhomme qui va bientôt se mettre à parler et qui aura finalement attendu de revoir son père pour commencer à nous appeler maman et papa.

Nous fêterons ensemble à New York nos quatre ans de mariage. La date de ton retour n'aurait pu mieux tomber !

J'espère que John sera très gentil dans le train et que tu pourras jouir de cette traversée du Canada en longueur, en oubliant la monotonie du voyage et sa durée exagérée.

J'ai acheté une maison à Red Deer, pour 5000 dollars. Quant à Monsieur Nordegg, tu le verras le mois prochain dans l'Ouest.

Et maintenant, ma chère amie, prends notre petit John dans tes bras et monte sur le pont. Tâche de voir le quai d'embarquement et de me faire un signe de joie dès que tu m'auras reconnu. Je n'ai pas de jumelles, et je le regrette bien fort, car cela me fera perdre quinze minutes de bonheur. Mais mon cœur me dira vite où tu es, et je sentirai une impatience folle monter en moi en attendant l'accostage du bateau.

J'ai rêvé d'être admis sur le bateau pilote, mais je connais si peu New York que je ne vois pas bien comment m'y prendre. Il me faudra donc attendre au quai. Ce sera long, mais le bonheur de te serrer sur mon cœur me repaiera au centuple. Je t'adresse par lettre mes derniers baisers. Chante, ris et sois gaie comme moi, et si tu as eu une traversée pénible, oublie-la en pensant au charme de nous revoir et de nous aimer.

Ernest »

7.

La tête d'Indien

Marthe avait serré dans des boîtes à souliers la correspondance échangée avec Ernest.

Nous découvrîmes leurs lettres d'amour après la mort de notre grand-mère, survenue au printemps 1962. Le dernier cadeau de Noël que je reçus de mammy fut mon premier abonnement aux *Cahiers du Cinéma*.

Peu après le décès, j'eus la chance de m'envoler pour Cannes, et d'apercevoir sur la Croisette, le premier jour du Festival, un jeune homme pâle, timide, à la cravate rouge et au regard intense: François Truffaut, l'idole de mes dix-sept ans.

Je portais désormais des lunettes noires, à la Jean-Luc Godard.

Je me voyais déjà cinéaste, comme les gens des *Cahiers,* pas tellement plus âgés que moi.

Une autre époque commençait. J'avais de nouveaux rêves.

Papa devint le dépositaire des deux albums du Canada, que mammy nous avait montrés et expliqués, un beau jour de notre enfance, à Coronmeuse.

Ces albums étaient recouverts d'une peau de daim, sur laquelle des femmes indiennes avaient peint la tête d'un sachem en grand apparat. Les photos montraient les expéditions d'Ernest dans les Rocheuses… La grand-rue d'une ville de cowboys… Une jeune femme brune jouant du piano… Un petit garçon radieux, dans les bras de son père… Deux gros chevaux tirant un traîneau sur une rivière gelée… La pêche sous la glace… Les premiers pas d'André, le petit frère, à Red Deer… Le cottage de l'ingénieur belge à Nordegg… Et puis un ours grizzly, tué près de la maison… Et Jacob, l'éclaireur indien, à la recherche d'un endroit propice pour le campement d'une nuit…

Ces photos, John les avait montrées à ses condisciples, lorsque, rentré en Belgique après la mort de son père, il leur faisait un petit exposé sur le Canada des pionniers.

Ces photos représentaient son paradis perdu.

Un de ses vieux amis m'a raconté :

« J'ai connu John à l'école. J'allais de temps en temps chez lui. J'étais à peine entré, la première fois, qu'il s'amenait plus ou moins déguisé en Indien et armé de même. Il arborait un grand sourire. Il parlait lui-même de son *sourire de trappeur*, en particulier lorsque je prenais pour de l'ironie ce qui reflétait seulement son équilibre foncier. André, lui, me parlait de livres. Ce devait être, au plus tard, en 1927. »

Papa aimait dessiner sous nos yeux d'enfants un profil de chef indien inspiré des albums du Canada : la coiffe de plumes, le nez busqué, les cheveux de jais en tresses, la joue barrée peut-être d'une peinture de guerre.

C'était, en quelque sorte, son blason.

J'ai retrouvé le même dessin à la fin d'une lettre que John, âgé de quinze ans, en vacances à Érezée, avait écrite à sa cousine Clémence. L'adolescent avait soigné son dessin : de jolies couleurs nuancées flambaient sur les plumes du grand sachem. Il tenait à épater sa cousine.

En guise de légende, il avait écrit : *Cerf Agile*. Le nom du dernier des Mohicans dans le roman de Fenimore Cooper.

John ne nous parlait jamais de son père, mort d'une hémorragie cérébrale au *Western Hospital* de Calgary, en mai 1917. – C'était le moment où les Américains entraient dans la Grande Guerre.

Un jour, vers la fin de sa vie, je lui demandai s'il se souvenait un peu d'Ernest.

Il parut étonné de ma question.

« Bien sûr ! » me répondit-il, en posant droit sur moi ses yeux si clairs.

En mai 1917, John avait cinq ans. L'âge des premiers souvenirs, immortels ceux-là.

Et Marthe ?

Elle garda pour elle son chagrin. Tant de soldats étaient morts à la guerre, il y avait tant de veuves autour d'elle…

Après l'Armistice, Marthe écrivit à Jeanne et Eugène :

« Rien ne sert de se lamenter éternellement. »

Jeanne et Eugène n'avaient pas eu d'enfant. Ils s'apprêtaient à accueillir à Liège, les bras grands ouverts, Marthe et les deux kids du Far West.

Les caisses que la jeune veuve fit charger en 1919 sur le *S.S. Lapland* regorgeaient de fabuleux souvenirs des Rocheuses. Une tête d'orignal aux cornes gigantesques. Une peau de grizzly, avec ses griffes. Un tomahawk, deux paires de mocassins. Et la tunique à franges portée par les coureurs des bois du Nouveau Monde.

Et voici, de toutes les photos anciennes de ma famille, celle qui me touche le plus.

Elle a été prise à Liège, en 1919. Elle n'est pas de grande qualité. Très sombre. On distingue mal les trois personnages. Deux petits garçons, très sérieux, un peu raides, vêtus de longs manteaux. On leur a dit sans doute de ne pas bouger, pour la photo. Ils attendent que le petit oiseau sorte de l'appareil. Ils ont l'air un peu perplexes. Ici, tout est nouveau. Ils viennent de débarquer en Belgique.

Derrière les deux gosses : un homme souriant, moustachu, coiffé d'un chapeau boule. Eugène était le meilleur ami d'Ernest, leur papa. À présent, il va veiller sur eux. Les deux petits orphelins du Far West sont en de bonnes mains.

Au dos de la photo, Marthe a écrit :

Eugène avec deux émigrants

8.

La mélancolie d'oncle Eugène

Dans la maison de la place Coronmeuse, le Canada nous sautait aux yeux, dès l'entrée. L'énorme tête d'orignal gardait le vestibule. Et chaque fois, ma petite sœur Anne redoutait de passer sous son mufle massif, sa barbiche de démon.

À droite, c'était le bureau d'oncle Eugène. Le buste d'un adolescent y trônait en bonne place. Qui était-ce ? « André, le frère de votre papa… », nous disait-on.

Sur les photos où les deux frères posaient côte à côte, à différents âges, la mine sérieuse d'André contrastait avec le sourire éclatant de John.

Né à Red Deer, deux ans après son frère, André adorait la belle maison ancienne dans laquelle il devait trouver la mort, un samedi de novembre 1931.

Ce garçon très secret, grand lecteur, grand amateur d'antiquités, avait rassemblé, grâce au « mécénat » d'oncle Eugène, une collection mirobolante, qui voisinait, dans cette maison datant de

1765, avec les trophées indiens ramenés du Canada par sa maman.

Mousquets, tromblons, dagues, hallebarde, parchemins, cotte de mailles, boulets de canon, armure et casque de samouraï, défenses d'éléphant, livres anciens, coffre en fer forgé Louis XIII, canne-épée, canne dont le pommeau sert de tabatière… Voilà un début d'inventaire de ce petit musée. Les pièces les plus encombrantes se trouvaient reléguées dans le vaste grenier, dont l'odeur de poussière humide et de poutres de chêne me hante encore. On se serait cru dans le grenier du château de Moulinsart exploré par Tintin et le capitaine Haddock en quête du secret de la Licorne.

Eugène Frisée, directeur de charbonnage, épris de mythologie et de littérature classique, a de longues conversations sur tous les sujets avec André, son filleul.

L'ingénieur au cœur d'enfant se découvre un cœur de père. Il suit de près les études de John et André. Il s'entend à merveille avec eux. Il leur ouvre le monde.

Eugène rejoint John dans son bureau, pour faire avec lui des exercices de mathématiques. La peau de grizzly s'étend sur le plancher de cette pièce, au bout du couloir du deuxième étage réservé à Marthe et à ses deux fils. John étudie face à une fenêtre d'où l'on peut observer un terril du charbonnage d'oncle Eugène. Des wagonnets vont et viennent sur les pentes de la montagne noire.

La chambre d'André est à l'autre bout du couloir, côté place Coronmeuse. C'est là que nous logerons, Jean-Paul et moi, certains week-ends, revêtus de chemises de nuit pour enfants d'un autre temps. Nuits héroïques, inoubliables, dans la maison des trésors et des mystères.

Marthe, Jeanne et Eugène sont à nos yeux des personnages de conte de fées. Grâce à eux, à leurs souvenirs d'enfance, nous avons l'impression de toucher du doigt les abysses du temps : la fin du XIXe siècle.

Ces trois-là ont voyagé dans les tramways tirés par des chevaux. Ils ont fait leurs devoirs à la lueur des bougies, des lampes à pétrole. Pour nous, ils sortent d'un tiroir leurs antiques jeux de société. Alors, le Nain jaune en bois, les dominos d'un blanc un peu jauni s'animent, le Valet noir reprend vie. Les vieilles mains de tante Jeanne et nos petits doigts se livrent à des joutes joyeuses.

Nous avons gardé presque toute la collection d'antiquités d'André – à part l'armure de samouraï : quel dommage ! Les mousquets, les tromblons, nous ont suivis dans nos nouvelles habitations. Ces armes à jamais silencieuses, inoffensives, intriguent aujourd'hui nos petits-enfants.

J'ai trouvé de rares écrits d'André. Quelques cartes postales, envoyées à son frère, à sa cousine Clémence. J'ai aussi un petit carnet où il répertorie les livres anciens, les manuscrits, les curiosités.

Il y note quelques résolutions : « ne plus lire dans mon bain – manger des oranges », etc.

Sur une double page, il dessine des armes à feu : winchester, browning, colt, mauser, parabellum… Il s'y connaît. C'est sa passion.

André fait de petits cadeaux à son oncle : par exemple, des caramels, *les Pieds Nickelés*, bande dessinée parue dans *L'Épatant*. Et il raconte à ses copains : « J'ai entendu oncle Eugène rire aux éclats en découvrant les aventures de Croquignol, Filochard et Ribouldingue ».

Les principaux copains d'André sont les mêmes que ceux de John : des condisciples à l'Athénée royal de Liège : Guy Delrée, que nous appellerons « Monsieur Guy », et un certain Maurice Danse. Tous deux deviendront magistrats militaires. Dans notre enfance, nous les verrons souvent à la maison. Si « Monsieur Guy » ressemble un peu à James Stewart, le héros de *La Flèche brisée*, Monsieur Danse a quelque chose de Fred Astaire : le chic, le sourire bienveillant, le nom lui-même nous évoquent le danseur de claquettes hollywoodien.

Adolescents, John, André, Guy et Maurice ont un mentor, un « directeur de conscience » : Léon Halkin, étudiant en histoire à l'Université de Liège. Ils le rencontrent dans le cadre de l'O.M.R. (Œuvre de Marie-Réparatrice), un mouvement qui peut paraître aujourd'hui bien suranné.

Quel était l'objectif de l'O.M.R. ? Des prêtres et des étudiants issus de collèges catholiques font de l'apostolat auprès des élèves des « écoles sans Dieu », dont la plus importante, à Liège, est l'Athénée royal. Les jeunes adeptes sont appelés «zélateurs». Ils signent des engagements solennels. Ils vont ensemble à la messe. Ils participent à des promenades dans la campagne ardennaise.

L'O.M.R. – œuvre d'un autre temps – a eu le mérite de créer des amitiés indéfectibles, qui s'exprimeront particulièrement pendant la guerre.

Sur cette photo de groupe, fort jaunie, prise en 1927 dans ce qui paraît être un préau d'école, je reconnais John et André Gheur (celui-ci encore en culottes courtes), Guy Delrée, Maurice Danse et Léon Halkin (le seul à porter une cravate, il a six ans de plus que les autres). Un prêtre en soutane accompagne aussi les jeunes «zélateurs».

Mais que s'est-il passé le samedi 17 novembre 1931, dans la belle maison de la paisible place Coronmeuse ?

Depuis le mois d'octobre, André est étudiant à l'École des Mines. Il suit les traces de son papa, qu'il a si peu connu, et du cher oncle Eugène.

Sa passion pour les armes à feu va lui être fatale.

On signale des vols dans le quartier. André persuade son oncle d'acquérir un pistolet Browning.

André est un garçon aux mains malhabiles. Sa grosse écriture, qui garde un air d'enfance, en témoigne.

Ce samedi après-midi, il s'enferme dans sa chambre pour bouquiner, comme d'habitude. Assis dans son gros fauteuil de cuir, un livre ouvert sur les genoux, l'adolescent examine le nouveau pistolet, avec la désinvolture du connaisseur. Un faux mouvement provoque sa mort accidentelle.

En 1931, Paula avait seize ans.

Elle se rappelait très bien la visite faite au 26, place Coronmeuse, avec ses parents et ses sœurs, en cet affreux week-end d'automne.

« Quand oncle Eugène nous a accueillis sur son seuil, il a dit une seule chose : *Nous étions trop heureux.* »

Cet homme au cœur pur est féru de mythologie. Le grand bonheur qui régnait dans son foyer a provoqué la jalousie des dieux.

André Gheur reste pour moi un mystère.

Après la mort de papa, j'interrogeai son ami Maurice Danse, qui m'écrivit ceci :

« Ton père fut le compagnon de presque toutes les routes de notre jeunesse. Il est soudain venu, par la grâce du grand Reich, rejoindre à Juliusburg, dans la lointaine Silésie, avec tout un groupe de jeunes officiers belges, les hôtes de l'orphelinat aux trois quarts désaffecté dont j'étais le pensionnaire, à cette époque. »

Je demandai à Maurice Danse de me raconter son souvenir d'André Gheur.

« Ton oncle fut certainement l'un de mes plus chers amis. Et dans mon amitié pour lui, l'admiration le disputait parfois à l'inquiétude.

Tu sais sans doute qu'à Érezée, où ta grand-mère emmenait ses fils en vacances, un pensionnaire de l'hôtel *Belle-Vue*, un Chinois je pense, avait annoncé à André “qu’il mourrait jeune, et d’une mort tragique” : il prétendait l’avoir lu dans les lignes de sa main. Mais il n’était pas besoin de connaître cette prédiction (je refusais d’y croire) pour éprouver des craintes.

Au cours d’une promenade cycliste vers Theux, il avait prétendu descendre la fameuse *Côte de Mont* sur un vélo nécessitant des tire-chaînes pour être plus ou moins rassurant, mais dont les tire-chaînes ne fonctionnaient plus.

Ton père m’avait raconté que, lors d’une balade, André avait voulu traverser la Hoëgne, du côté de Hockai, en passant d’une branche à l’autre, tel un Tarzan liégeois-canadien qui n’avait tout de même pas le même entraînement que son modèle.

Par ailleurs, André était profondément religieux. Le fond de son âme devait être d’une qualité rare. »

Maurice Danse écrit encore :

« Je vois André sur son lit de jeune mort, et je revois sa mère lui caressant furtivement les cheveux. Ils ne s’étaient jamais autant ressemblé. »

Un aussi grand chagrin n’a pas de fin.

Un jour de mon enfance où je me trouvais dans le tram, en face d’oncle Eugène, une dame énorme s’assit à côté de lui sur la banquette. Mon grand-oncle – pourtant fort costaud – me sembla tout à coup bien fluet, par comparaison.

Au cours du trajet qui nous ramenait à Coronmeuse, par l’interminable rue Saint-Léonard, oncle Eugène n’ouvrit pas la bouche.

L'étrange expression que je découvrais dans les yeux de mon vieil oncle, si amusant d'habitude, débordant d'humour, je puis à présent lui donner un nom : la *mélancolie.*

Je suis certain qu'à ce moment précis, les pensées d'Eugène s'envolaient vers André, son neveu adoré.

J'étais alors un petit garçon, plein de curiosité. Ma présence en face de lui, dans ce tram, lui avait rappelé un autre petit garçon. Un enfant venu du Canada avec son frère John… Les deux gamins turbulents, tombés du ciel.

9.

Franz et Fritz

Voilà pour l'arbre généalogique de la famille Gheur.

Intéressons-nous à un arbre voisin : celui des Plein. Arbre d'Allemagne, transplanté à Liège, dans le quartier du Nord. Leurs branches s'enchevêtrent.

Pour commencer, je prends de l'altitude. Je me reporte à une journée de juin 1991. – Que le lecteur me pardonne ces sauts d'une époque à l'autre. Mon âge avancé me permet d'ainsi survoler les années et de choisir mes escales dans le passé.

Maman me prenait souvent pour confident. Les petits récits qu'elle me faisait de son enfance, les anecdotes qu'elle me contait sur la guerre vécue par elle, jeune mariée, me reviennent en mémoire, au fil de l'écriture.

Ce jour-là, j'allais quitter l'appartement de maman quand elle me rappela près d'elle :

« Bernard, j'ai quelque chose pour toi. Viens un peu voir. »

C'est très liégeois, ce « un peu ».

Les Bruxellois, les Flamands diront : « Viens une fois voir » (*kom eens*). Le « une fois », que les Français attribuent à tous les Belges, en riant, est loin d'être en usage dans tout le pays.

Le « un peu » adoucit le mode impératif. Il pousse à la confidence.

Je m'assis auprès de maman sur le divan.

Elle me mit dans les mains un volumineux classeur à anneaux.

Elle avait écrit sur la couverture, avec un gros feutre noir :

1935 – 1957

C'était le titre.

Et, en sous-titre :

182 feuillets !

Reliés le 29 juin 1991

Au dos du classeur, je lus :

Lettres à ma sœur !

Toujours avec le point d'exclamation.

La « reliure » était sommaire : maman avait perforé les 182 feuillets afin de les rassembler dans ce classeur.

La première lettre, à l'en-tête de l'hôtel *Carlton*, à La Panne, était datée du 1er janvier 1935.

Paula s'élançait vers ses vingt ans.

« Je me réjouis de lire tout ça ! » lui dis-je en feuilletant le dossier.

« Arrête, s'il te plaît ! s'exclama ma mère. Je déteste qu'on lise mes lettres en ma présence.

Emporte-les. Pour toujours. Tu en feras ce que tu voudras. Oui, prends-les, je ne veux plus les voir. Maintenant, file, gamin ! »

Jeanne, qui avait conservé les lettres de Paula reçues pendant toutes ces années, venait de les lui rendre. Cette sœur de maman, nous l'appelions « tante Jeanne de Louvain », pour la différencier de notre « tante Jeanne de Coronmeuse ». Je lui suis reconnaissant de ses bons soins et de sa constance.

Ma mère les avait-elle relues, ses lettres de jeunesse ? Je ne saurais le dire. Jamais elle ne me demanda par la suite mes impressions de lecteur. Pourtant, j'aurais voulu avoir des éclaircissements, des commentaires. Qui était cet employé de la société *Le Lièvre*, dirigée par John, arrêté par la Gestapo et qu'on ne revit plus jamais ? Et cette belle Simonne, dont Paula semble jalouse, dans les années 1930 ? Et ce Franz B., un jeune Bruxellois un peu « collant », dont l'empressement auprès d'elle, à la même époque, l'embarrasse ? Mais un certain *Johnny* apparaît très vite, au fil de sa plume. Il prend la place principale.

Et les « carêmes de fiancés » que Paula et John s'imposaient… En quoi consistaient-ils ? Le souvenir de ces temps heureux d'avant la guerre la faisait sourire. Ces carêmes-là ne duraient pas plus d'une semaine.

En me confiant ses lettres, au soir de sa vie, maman avait-elle une arrière-pensée ? Et s'il me venait l'idée, un jour, d'en tirer quelque parti littéraire ? De les faire entrer dans un récit ?

Un livre qu'elle ne lirait jamais, qu'elle ne corrigerait pas, comme mes autres romans.

Paula était née à Liège, en 1915.

Paula Plein…

Mademoiselle Plein !

Elle n'aimait guère son nom de jeune fille prononcé à la française.

Quand le marchand ambulant de peaux de lapins passait dans le quartier du Nord et scandait son cri :

« Peaux d'lapins ! Peaux d'lapins ! »

Pierre Plein, toujours taquin, disait à sa fille :

« Paula, va un peu voir… Quelqu'un t'appelle ! »

Vexée, la petite Paula Plein !

Maman nous racontait d'autres anecdotes de son enfance.

Un jour, l'instituteur de Maurice, frère de Paula, demande à chaque élève de première primaire de dire la profession de son père. Pour sa part, le petit Plein répond, triomphant :

« Mon papa ? Il vend des pots de chambre ! »

Ce qui fait rire tout le monde.

Pierre Plein, le père, ne s'en offusque pas. Il est blagueur dans l'âme.

Du reste, ce n'est pas faux. Les pots de chambre abondent dans les stalles de son magasin, bourrées de paille protectrice. Il y a aussi des assiettes de fine porcelaine, de précieux vases de cristal, des verres dont le bord chante si l'on passe un doigt dessus.

De la maison *Michels & Cie*, je détiens une modeste relique : un très vieux crayon publicitaire.

Il est toujours debout, prêt à l'emploi, sur ma table de travail. Sa mine fonctionne. De modernes stylos bille, défaillants, déjà en fin de vie, l'entourent dans un pot d'étain.

Le magasin de mon grand-père occupait l'ancien couvent des Frères mineurs. Aujourd'hui, ce bâtiment abrite les collections du musée de la Vie wallonne, rue Moray, en plein cœur de Liège.

L'aîné de mes cousins, Jean-Pierre, gardait un fabuleux souvenir de la Maison Michels. Mieux que mon vieux crayon publicitaire !

La famille de Jean-Pierre habitait au dernier étage du magasin. C'est un haut bâtiment, attenant à l'église Saint-Antoine. Mon grand cousin avait inventé un itinéraire, compliqué et vertigineux, qui, de toit en toit, aboutissait dans le chœur de cette église. Au cours de ses expéditions aventureuses, il avait rencontré un garçon qui passait dans le clocher de Saint-Antoine le plus clair de son temps. Il s'appelait Lionel. C'était le fils du sacristain. Il avait le visage barbouillé de suie, de poussière, de sang. Il tuait les pigeons à coups de briques.

Jean-Pierre prit l'habitude de courir les toits, afin de retrouver Lionel, l'enfant sauvage, le Mowgli des villes.

Les récits de mon cousin, faits pour nous épater, comportaient une part de vrai. Ce très vieux quartier de Liège, avec ses jardins secrets, ses cloîtres, ses maisons enchevêtrées, ses souterrains, ses ruelles mal famées, ne manquait pas de romanesque. La rue de la Poule était bien nommée : des prostituées y tenaient boutique.

Dans la seconde moitié du XIXe siècle, Liège, puissante cité industrielle, était un pôle d'attraction. Deux de mes ancêtres allemands, venus du même village de l'Eifel, s'y établirent. Ils s'appelaient Franz Michels et Friedrich Plein.

D'abord arrive Franz Michels. À l'origine, c'est un colporteur, un marchand de poteries. La terre de l'Eifel est propice à cet artisanat, depuis l'époque romaine. Dans un almanach liégeois publié en 1869, Franz est répertorié : *François Michels, négociant en faïences*.

Friedrich Plein, dit Fritz, le rejoint dans la métropole liégeoise. Il est engagé chez Michels comme magasinier. Son seul fils, Pierre Plein, naît à Liège en 1878. C'est mon grand-père.

Pierre, gros jeune homme déluré, optimiste au possible, entre lui aussi chez Michels. Il plaît à la vieille Mademoiselle Michels, fille du fondateur, qui est devenue la patronne. Elle va bientôt lui confier la gestion du magasin.

Les affaires marchent. Les dames de la nouvelle bourgeoisie belge, née de la révolution industrielle, entendent décorer dignement leur intérieur.

En 1909, Pierre Plein voit arriver une jolie demoiselle de Speicher. Elle s'appelle Maria Michels. Elle a vingt-quatre ans et se destine au couvent ; son trousseau de religieuse est prêt. Tout plutôt que de finir vieille fille ! Elle est venue à Liège pour faire ses adieux à sa grand-tante, la fameuse Mademoiselle Michels.

Ach Du lieber Gott! s'exclame Pierre Plein.

Il voit la vie comme un jeu de roulette. Cette fois, la petite boule s'arrête sur la bonne case…

S'il n'est pas vraiment beau, le jeune marchand de porcelaine ne manque pas d'aplomb. Par quel tour de passe-passe fait-il la conquête éclair de la *gretchen* aux yeux cristallins ? De retour à Speicher, Maria stupéfie ses parents. « Papa, maman, je vais épouser Pierre Plein ! Vous voulez bien ? » Adieu, couvent, vêpres, matines !

Le mariage a lieu en octobre 1910.

Longtemps après qu'elle eut quitté Speicher pour s'établir à Liège, Maria était encore réputée dans son village natal comme *das hüpches Mädche !* La jolie fille.

Quant à la vieille Mademoiselle Michels, elle fera de Pierre Plein son légataire universel.

Superbe héritage : un magasin florissant, au cœur de Liège, plus une grosse villa jaune avec véranda, toute proche de la gare de Spa, la ville d'eaux si prisée par l'aristocratie européenne.

Pour mon grand-père, tout baigne !

Pierre et Maria auront trois filles : Suzanne, Paula et Jeanne ; et deux garçons : Maurice et Pierrot.

S'il gagne bien sa vie, le jeune Monsieur Plein perd déjà ses cheveux. Pour compenser, il se laisse pousser une longue barbe noire et des moustaches majestueuses, à la Guillaume II.

Il sacrifie la barbe, mais garde les moustaches, dont il prend grand soin. Avant de se mettre au lit, il les maintient dressées à l'aide d'un appareillage spécial. Des « bigoudis pour les messieurs ».

Un jour, à Spa, alors qu'il fait sa sieste dans un fauteuil, sa fille Paula, âgée de trois ans et armée de ciseaux, grimpe sur ses genoux et coupe ses moustaches.

Quand il se réveille, Pierre Plein est un autre homme.

Ach Du lieber Gott ! s'exclame Maria en le voyant.

La nouvelle tête de son mari, toute nue, ronde comme une bille, restera telle quelle jusqu'à la fin. Elle illustre bien son caractère bonhomme et pragmatique.

Les affaires, les reprises de sociétés, ça le connaît. À la fin des années 1930, il a racheté une petite flotte de chalands. Il a proposé à son futur gendre, John Gheur, jeune docteur en droit, officier de réserve au 1er Lanciers de cavalerie, de gérer la *Société de commerce et de transports Le Lièvre*. On lui a donné le nom du véloce animal, tandis que la principale flotte concurrente, à Liège, arbore l'emblème du *Trèfle*, pour attirer la chance. « Le lièvre mangera le trèfle ! » s'exclame Pierre Plein, hilare.

Voilà John embarqué dans une singulière aventure.

Retiré dans sa villa de Spa, notre grand-père regarde beaucoup la télévision débutante. Pierre Plein raffole de la vie. Il n'a pas l'intention d'en perdre une seule miette. Le chien Peggy sommeille dans un panier, à ses pieds.

Quand nous passons le voir à Spa, bon-papa nous raconte des blagues – je les ai toutes oubliées – et il nous montre des tours de cartes – je ne les ai jamais compris.

Il dit : « On n'est pas plus mal en enfer qu'au ciel… C'est une question d'habitude. »

Parfois il monte dans sa grosse Buick bleu clair, qui ne sort presque plus du garage. Il la conduit, fort lentement, jusqu'au Casino de Spa. Quelques heures plus tard, la Buick bleue rentre au bercail. Notre bon-papa pince-sans-rire a un alibi, invariable : « J'étais chez le menuisier. »

Il raconte des anecdotes, authentiques ou inventées.

Ainsi, à la fin d'un grand repas, l'un de ses amis fait tinter son verre. Il se lève, se tourne vers son hôte et déclare, cérémonieux :

« Je tiens à remercier notre aimable *hermaphrodite.* »

Ce qui jette un froid.

Il voulait dire : *amphitryon.*

Maria, que nous appelons bonne-maman, est une dame élégante et cultivée. Une maîtresse de maison perfectionniste. Des yeux très clairs derrière de grosses lunettes rondes. Pour peu qu'elle les enlève, nous la trouvons méconnaissable.

Maria joue de l'orgue et du piano. À Liège, elle fréquente des musiciens et professeurs du Conservatoire. Elle parle un français impeccable, mais garde son accent guttural. Elle dit *sandtwich*, par exemple, ce qui fait rire ses petits-enfants.

Je lui ai toujours connu de beaux cheveux blancs. Je n'imaginais pas qu'elle pût avoir été une jeune fille blonde, coiffée en tresses. Une *gretchen* en uniforme. Pensionnaire au couvent de Saint-Avold, près de Metz (en Lorraine annexée par l'empire allemand), Maria y avait appris le français.

Peter Michels, le père de Maria, était un original. Archéologue amateur, il possédait une collection de poteries romaines, qu'il avait lui-même découvertes, enfouies dans la terre de l'Eifel. Sourd-muet, toujours escorté d'un chien, il se faisait comprendre comme il pouvait. À son chien, il criait : *kop !* Cela voulait dire : *komm !* Viens ! Au village, on le surnommait *der Stumme* (le muet).

Âme inquiète et nostalgique, Maria aura, au long de son existence, de quoi s'alarmer, de quoi regretter le temps révolu, « le monde d'hier », cher à Stefan Zweig.

Maria la musicienne vivra à Liège deux guerres mondiales, deux occupations de sa ville d'adoption par des soldats venus de son pays natal. Lors de ces années noires, elle craindra pour la vie des hommes de ses deux familles, dans l'un et l'autre camp.

Pendant toute la Grande Guerre, elle ne pourra revoir ses parents. Et puis, fin 1918, elle prend le train de Cologne et de Trèves, avec ses trois fillettes, Suzanne, Paula et Jeanne. Son mari n'est pas du voyage. Arrivant dans la petite gare de Speicher, Maria fond en larmes. Son aînée, Suzanne, sept ans, s'étonne : « Mais pourquoi pleures-tu, maman ? Tu vas revoir tes parents. Tu devrais être contente ! »

Bien plus tard, quand elle racontera cet épisode à l'un de ses petits-fils, Suzanne ajoutera : « Je m'en veux encore d'avoir dit ça à maman. J'étais une enfant, je ne savais pas que les grandes personnes pouvaient pleurer de joie. »

Quant à moi, je ne suis allé que deux ou trois fois dans le village natal de ma grand-mère maternelle. Les voyages outre-Rhin ne me tentaient pas. Je voyais beaucoup de films de guerre américains. Dans *Stalag 17*, par exemple, le commandant du camp était si antipathique !

Quand nous débarquions en famille dans une ville du pays vaincu, j'avais l'impression que des regards hostiles se posaient sur nous. Et dire que j'étais à moitié allemand ! Et, pour le reste : plutôt canadien… Il ne fallait pas prendre au pied de la lettre la plaque belge de notre Ford grenat.

10.

Lettres à Jeanne

Donc, trois filles sont nées chez les Plein.

Maria les éduque strictement. Sur les photos prises à Spa pendant les vacances, Suzanne, Paula et Jeanne semblent porter un uniforme.

Quand l'une affirme :

« Elle est à moi, cette poupée ! »

Sa mère rétorque, impériale :

« Tu es à moi avec ta poupée ! »

Les filles Plein forment un trio de musique de chambre, qui se produit, bon gré, mal gré, devant les invités. Alors Paula est au supplice. Elle accorde son violon.

Son papa, toujours taquin, lui dit :

« Paula, quel est donc ce morceau que tu connais si bien et que tu joues si mal ? »

Une tendre affection unit Paula et Jeanne.

Les deux sœurs, pourtant, sont très contrastées.

Paula est brune et sa cadette, toute blonde.

Paula a un caractère complexe, une humeur changeante. Jeanne semble plus sereine.

Si Paula est belle, Jeanne est très jolie.

Paula est très littéraire. Les versions latines l'amusent. Elle les débrouille en un clin d'œil. Elle en fournira à ses deux frères, Maurice et Pierrot. Et même à leurs copains. Plus tard, elle aidera ses enfants à percer le beau mystère des textes de Tite-Live, de Tacite, de Virgile. Et à en donner une traduction élégante et limpide.

Jeanne, musicienne douée, étudie le violoncelle au Conservatoire de Liège.

Sur une piste de danse, Paula se sent moins à l'aise que Jeanne. Et encore moins sur une piste de ski… Le sport préféré de sa sœur.

Ainsi, chacune a les qualités que l'autre n'a pas. Elles se complètent, sans se jalouser. Elles se vouent une admiration mutuelle.

Un seul point commun entre les deux sœurs : la voix, les intonations absolument pareilles. C'est à s'y méprendre.

Dans la maison familiale, place Saint-Barthélemy, Paula et Jeanne partagent la même chambre. Adolescentes, elles échangent mille confidences, la nuit, dans leur lit.

Elles font les mêmes études secondaires : les humanités gréco-latines chez les Dames Bénédictines.

En 1935, Paula obtient une licence en philosophie pure à l'Université de Liège. Brillante élève.

En 1938, Jeanne épouse Joseph Legrand, un avocat établi à Louvain (*Leuven* en flamand). Le violoncelle passe au second plan.

Ciel ! se dit Paula. Louvain est si loin de Liège (80 km). Pour compenser cette distance, les deux sœurs s'envoient des lettres.

En juin 1939, après d'interminables fiançailles, Paula épouse John Gheur. Ce mariage va de soi. Les deux familles sont liées depuis la Belle Époque. Paula et John se fréquentent depuis leur adolescence. Aux fêtes de communion solennelle, les regards de la jeune fille romantique, à l'abondante chevelure brune, s'attardaient sur le garçon blond, souriant et un peu candide, venu d'un pays si lointain, le Canada. Bien sûr, elle a lu *John, chauffeur russe*, roman à l'eau de rose, de Max du Veuzit.

De l'avis de tous, Paula et John forment un beau couple.

Pendant la guerre, le rythme de la correspondance entre les deux sœurs s'intensifiera.

Il y sera beaucoup question de bombardements, de tickets d'alimentation, d'inquiétude, de longues absences… mais aussi de bébés à venir, de prénoms à choisir, de rougeoles et d'oreillons. Les péripéties familiales éclipsent les événements historiques.

Les enfants pleuvent chez les Legrand. En tout, ils seront huit : sept filles et un garçon – Thierry, qui a mon âge, deviendra mon grand copain de vacances.

La guerre : c'était le temps de la ligne Maginot et de la méthode de contraception naturelle du docteur Ogino. Dans une lettre, Paula conseillait à Joseph de ne plus « franchir étourdiment la ligne Ogino » !

Chez les Gheur, nous serons cinq : *Françoise*, dite Chonchon, née en mars 1940, fille de la drôle de guerre ; *Jean-Paul* (janvier 1943), fruit du retour de son père à la maison, après deux ans de captivité en Allemagne ; *Bernard*, alias Binouche (conçu dans l'euphorie du Jour J). Et puis les bambins de l'après-guerre : en 1947, la jolie *Anne*, dite Nanane (petit nom abandonné, son futur mari lui en trouvera bien d'autres), et, en 1950, *Pierre*, alias Pitou. Celui-ci, bébé, avait un petit air asiatique, et, comme il était né au début de la guerre de Corée, maman l'avait surnommé « le Coréen » dans une lettre à sa sœur.

Grâce au recueil de lettres, je parcours la jeunesse de Paula avec des bottes de sept lieues.

L'écriture de maman, toujours à l'encre verte, est acérée, bien droite et bien régulière. (La graphie qui caractérisait les jeunes filles issues de l'école des Dames Bénédictines.)

Au fil des ans, cette écriture, hérissée de points d'exclamation, ne s'est en rien flétrie. Sauf dans certaines circonstances : sur ce feuillet rempli recto verso, la plume semble un peu chahutée, la jeune mère écrit à sa sœur tout en allaitant son bébé ; ou bien c'est un petit bonhomme, sur ses genoux, qui s'est emparé de son stylo et qui a ajouté des gribouillages à la missive.

En dehors de ces incidents, les ratures sont rarissimes.

La plume de Paula galope.

La Panne, 1er janvier 1935

« Ma chère Jeannot,

Comment ça va ? J'ai hâte d'avoir des nouvelles de vous tous. Comment avez-vous passé le premier jour de l'an ?

Quant à nous, voici le compte rendu de nos faits et gestes. Je veux d'abord te présenter les actrices de la scène. Edmée, toujours la même. Gaby, très gentille vraiment, simple – mais enrhumée ! Loulou à ses pieds. Et enfin Suzette, une grande blonde sportive et vivante. On ne la voit à bicyclette qu'en jupes-culottes de gros tissus avec un pull-over et une écharpe orange, cheveux blond clair, beaucoup de sex-appeal – mais rien de classique.

Comme cadre invariable, la mer – la mer que j'aperçois de ma chambre, et qui gronde avec un bruit confus, qu'il est si bon d'entendre la nuit, de son lit.

J'ai attaqué le cours d'histoire romaine. Je fais des résumés impressionnants, installée devant mon balcon ouvert, une écharpe au cou (pas la tienne !) ».

La Panne, 4 janvier 1935

« Nouvelle lune. Le temps a changé : il vente et il pleut à verse. La mer est houleuse, écumante. Nous avons fait une balade dans les dunes ce matin ; course jusqu'en haut du monticule de sable, puis, au-dessus, quand on y est parvenu, on est fouetté, l'haleine coupée par la bourrasque, les cheveux en désordre. C'est délicieux.»

Jeanne est partie faire du ski en Suisse.
Liège, 28 décembre 1936

«Ma chère Jeanneke…

En somme, rien de bien changé par ton absence, à part que… Maman me dit toutes les cinq minutes: "Jeanne n'aurait pas fait ça…"; qu'il y a un peu moins de désordre dans notre chambre commune; qu'il y arrive de nombreux drames de famille à propos de John; que je dois aller moi-même chercher la voiture quand maman désire aller place Saint-Lambert; qu'il y a deux petits pains de plus, chaque matin; que je puis tirer en tous sens les couvertures, sans protestation; qu'on n'entend plus les grincements d'une certaine "grosse caisse" (ton violoncelle); que je suis seule à dire après chaque repas: "ouf, ce que j'ai mangé!" ou: "quelle robe faut-il mettre?"; que la brave Paula a souvent des pointes de cafard de n'être plus dérangée dans son travail par les jérémiades coutumières; – que la même doit envoyer des lettres difficiles sans contrôle, correction ou suggestion… Bref, on ne s'aperçoit guère de ton départ, comme tu peux en juger!»

30 décembre 1936

«Tu es sotte, ma chère sœur, de parler d'esprit à propos de mon style, et de t'attarder sur ce sujet. Cela, pour trois motifs.

1. Si tu supposes là un compliment, il faut éviter d'en faire à toute créature, si peu assurée soit-elle sur ses qualités.

2. Reste à voir s'il y a vraiment de quoi parler d'"esprit", et de quelle valeur est celui en question…

3. Madame de Maintenon, en l'intime et austère compagnie de qui je passe actuellement de longues heures, m'a persuadée que : "L'esprit peut divertir en passant, et la raison nous déplaire quand elle nous contrarie ; mais, pour vivre ensemble, la raison est préférable à l'esprit. D'ailleurs, on trouve plus aisément l'esprit que la raison."

Ta présence et celle du "délicieux fiancé" me manquent terriblement. Mes journées sont d'un morne ! Évidemment, je n'en dis rien, et maman ne s'en aperçoit qu'à une humeur peu séduisante qu'elle me reproche matin et soir.

Je travaille assez bien, mais n'arrive pas à avancer mon étude de Madame de Maintenon, ce qui constitue pourtant l'essentiel. Je me suis acheté deux bouquins : *La carrière de Doris Hart*, de Vicky Baum, et *La Couronne*, de Sigrid Unset. J'ai lu le premier en une nuit, sans passion. Mais je suis emballée par *La Couronne*. C'est une tragédie de l'Amour éternel, que l'auteur a placée au Moyen Âge scandinave. J'en suis encore tout émerveillée.

Je dors dans la petite chambre du deuxième, où il fait si froid, mais si intime.

Maman me reproche d'avoir choisi le jour le plus occupé des vacances pour ma correspondance ! Mais tu sais que, selon moi, une lettre doit jaillir très vite. Si elle est trop méditée, cela devient soit un testament, soit un tissu de conventions.

Maman aimerait que je lise tes lettres tout haut, devant toute la famille. Je m'y refuse. Une lettre est faite pour être savourée dans l'intimité. Aussi je grogne et maman se fâche une fois de plus…

Mais il me reste, heureusement, mon meilleur ami, Johnny, qui téléphone souvent, écrit parfois et viendra à la fin de la semaine.

Je suis la femme la plus heureuse qui se puisse – Mais voilà, il y a trop de "digues".

Au grand plaisir de te lire, ma petite sœur. Je t'embrasse.

Paula »

Parmi les « digues » qui retiennent les élans de Paula, il y a l'armée. John fait son service en tant que candidat officier de cavalerie au 1er Lanciers, caserné à Spa. Il apprend à aimer les chevaux. Il brille au saut d'obstacles.

Quand les lanciers défilent sur la grande avenue, le cœur de la ville bat plus vite. Et voilà qu'un jour, John sort son sabre et le brandit en direction de Paula, postée à une fenêtre de la haute villa jaune… La jeune fille a les joues en feu. John sera consigné au quartier pour avoir « fait le mariolle » devant sa fiancée.

11.

Paula songeuse

En juin 1938, Jeanne épouse Joseph.

La fête a lieu dans la maison de la place Saint-Barthélemy. Les jeunes mariés s'éclipsent avant la fin du repas. Joseph brûle d'entamer le voyage de noces. Jeanne regrette un peu de manquer le dessert : un sorbet de fraise. La route sera longue. Joseph espérait rouler jusqu'à Vienne et Budapest. Mais l'annexion de l'Autriche décrétée par Hitler l'a obligé à raccourcir l'itinéraire.

La guerre se prépare. À Trèves, déjà, Joseph et Jeanne ont croisé des chars d'assaut. Ils se sont arrêtés en Bavière. Là-bas, ils ont pu voir à quoi ressemblait l'Allemagne nazifiée, gonflée à bloc.

Le départ de Jeanne a laissé Paula songeuse.

Voici ce qu'elle écrit…

Jeudi soir – 9 juin 1938

« Situation bizarre que la mienne : par votre mariage, je gagne un frère, mais je perds une sœur !

Bien chers frère et sœur,

Il me serait assez difficile d'expliquer mon silence. Il y avait tout d'abord un peu le désir de vous laisser en paix le plus possible. Je vous ai déjà tant ennuyés !

De plus, je ressentais, surtout les premiers temps, une sorte de timidité, ou plutôt de contrainte à écrire à cette vieille Jeannot – et cela parce qu'elle ne m'appartient plus comme auparavant depuis que ce malheureux Joseph s'est engagé, par un bail définitif, à l'entretenir, la protéger, et peut-être à l'aimer.

Je veux bien que, du fait de cette "mainmise" nouvelle, cette brave sœur ne me renie pas du même coup. Mais, par nature, je répugne aux partages.

Si je fais l'exégèse de ta correspondance, dans l'espoir d'y découvrir enfin une impression personnelle, je ne trouve que des formules aussi précises que celle-ci : "Nous, c'est merveilleux !" – "Cela va mieux que bien", etc.

Il y a pourtant une phrase ambiguë qui m'a occupé l'esprit pendant une nuit : "J'ai vraiment l'impression d'avoir toujours vécu avec Joseph." Qu'est-ce que cela peut signifier ? Veux-tu dire qu'en deux jours tu as si bien exploré ce nouveau domaine que tu n'y trouves plus rien d'intéressant, et que l'ennui te prend déjà ?

Moi qui m'imaginais que les débuts conjugaux n'étaient qu'un émerveillement de chaque heure ! Quelle déception !

Si tu as encore à me mettre au courant de désastres analogues, par charité, fais-le avant que je ne sois, à mon tour, prise dans cet engrenage.

Je constate que j'ai encore bien des illusions à perdre, moi qui ai passé encore de si délicieuses vacances de Pentecôte, en parfaite communion de cœur et d'esprit, avec mon cher camarade. Nos longs mois de séparation sont vraiment oubliés.

John est pourtant bien souvent absent. Tu sais qu'il consacre ces quelques journées intermédiaires à se familiariser avec les bateaux. Il nous est revenu, samedi, tout resplendissant d'enthousiasme, bronzé et fort comme un jeune dieu !

Tout à l'heure nous avions pu, du pont Maghin, le voir passer à bord du *Maurice*, en salopette bleue et riant de toutes ses dents ! Il travaille avec les jeunes bateliers. Et ceux-ci ont failli tomber à la renverse en apprenant, à la fin d'un voyage, qu'il était le fiancé de la fille du grand patron !

Votre départ, le soir de la noce, fut une réussite !

Tout ce que les âmes sentimentales auraient pu trouver d'attristant dans la séparation fut supprimé par l'entrain et les rires qui entourèrent le démarrage de l'Opel.

Dis-moi un peu ton impression en quittant Liège ? À mon idée, ce tout premier voyage dut être le plus émouvant pour vous deux. Avez-vous soupé à Aix-la-Chapelle ? Tu comprends si tout cela m'intéresse – quand tu songes dans quelle intimité nous avons vécu nous deux jusqu'ici – et combien j'ai été, jusque-là, au fait de l'évolution de tes sentiments – ce brusque hiatus me fait un peu l'effet d'une amputation !

Mais laissons cela. Reparlons un peu de la “noce”, quoique les souvenirs s’estompent déjà… »

Le monde est suspendu à la conclusion de la Conférence de Munich entre l’Allemagne, la France, le Royaume-Uni et l’Italie. Les Accords de Munich seront signés le 30 septembre 1938. La Tchécoslovaquie, convoitée par Hitler, sera sacrifiée sur l’autel d’une paix illusoire.

Liège, 27 septembre 1938

« Il nous semble un peu triste de ne pas vous voir participants de notre vie plus ou moins tourmentée de ces jours présents.

Vous n’imaginez pas dans quel état se trouve notre mère ! Elle vit accrochée, suspendue au poste de T.S.F. – et est si malheureuse à l’idée du départ en lice de “ses trois beaux-fils”, comme elle dit au téléphone, à ses amies !

Elle veut John sans cesse à ses côtés et le comble d’attentions ! Il n’a pourtant pas encore été officiellement rappelé, et nous passons de bonnes heures ensemble.

Qu’en pensez-vous, de tout cela ? Suivez-vous ces histoires de près ? Ou bien vous retranchez-vous à l’abri, dans la douceur de votre jeune nid ? Vous auriez raison, en tout cas, de laisser s’évaporer ces nuages de pessimisme – en profitant du moment présent.

Car là est évidemment le point pénible de l’histoire, pour nous deux, c’est d’en être encore à cet état intermédiaire et même interlope, et ce pour de piteuses questions de cérémonies ou festivités.

Mais il y a tant de choses importantes qui dépendent surtout de nos volontés directes, et c'est une chose terrible, de réaliser tout ce qui dépend de soi, et qu'on laisse tomber – soit par inertie, ou par légèreté, ou parce qu'on ne voit pas assez clair.

Un exemple frappant en est dans les conjonctures actuelles : plaise au Ciel que pour une fois la volonté d'acier du Führer sache céder – et que les compétents de la question et les responsables mènent à bout leur travail pacifiste.

Il est 10 h 15. Tout ce que la T.S.F. peut dire, c'est de répéter à tous les vents les sages paroles du bien anglais Chamberlain.

Mais on sonne au téléphone. C'est Johnny qui, appelé à Landen, vient me faire ses adieux. Comme il part demain à cinq heures, je n'ai pas accepté de le revoir encore aujourd'hui. Qu'il est stupide de n'être pas mariés ! Pourquoi ne l'aurais-je pas aussi bien mérité que mes sœurs ? J'ai plus travaillé qu'elles durant ce qu'on appelle le célibat ! Et je ne crois point que nous nous aimions moins que beaucoup d'autres !

Pardonnez à cette missive tout ce qu'elle peut avoir d'incohérent et d'importun. L'atmosphère agitée de la "chambre flamande", saturée des messages en langues diverses que transmet la radio, les commentaires de maman, le téléphone qui n'arrête pas, tout cela est peu propice à des préoccupations stylistiques ou humanitaires !

Je clos cette épître avec la journée, avec l'espoir que l'aube nous ramène un peu de quiétude.

Good night, à vous deux.

Votre tendre sœur vous salue.

Paula »

Spa, 17 avril 1939

« Il y a si longtemps que je ne t'ai écrit que je me demande ce que j'ai à te raconter ici. Où en étions-nous la dernière fois ? En somme, ce fut lors de notre sympathique visite à Louvain pour l'arrivée dans ce triste monde de votre cher rejeton. Et nous nous sommes, à mon gré du moins, trop peu vues.

Plus je deviens vieille, plus je comprends combien maman se fait d'inutiles cheveux gris, en se torturant pour des riens, en s'inquiétant dans le vide, en se compliquant à plaisir l'existence enfin. À ce point de vue, le calme de papa n'a en rien déteint sur elle, et on se demande pourquoi.

Par exemple, si tu savais combien elle a déjà gémi sur la perspective d'une guerre possible ! Elle en souffre plus que chacune de nous trois, en ce sens qu'elle prend sur elle notre inquiétude éventuelle à chacune, qu'elle la multiplie par les raisons qu'elle aurait de se tracasser et pâtir par elle-même : fils menacés, ou maison peut-être démolie, etc. Alors que moi-même et toi aussi certainement, tu attends le fait même avant de t'en faire. On en aura bien le temps alors, n'est-il pas vrai ?

Et puis, je trouve rassurantes ces démarches des grands hommes, Roosevelt, etc., qui me paraissent en quelque sorte prendre en main le chagrin de chaque mère ou épouse, comme un grand-papa tout-puissant et généreux.

Enfin, qui vivra verra. Moi, j'attends seulement d'être mariée – et il me semble qu'alors je serai autrement forte pour affronter toutes les grandes et petites misères de la vie. »

13 mai 1939

« Je parle de mariage, mais ce n'est pas encore fait !

En effet, John a rencontré des difficultés imprévues à l'hôtel de ville. Des papiers reçus il y a des semaines sont déclarés non valables. Entre autres, son extrait d'acte de naissance canadien, qui n'a pas reçu les contre-signatures voulues ! Strictement, des documents devraient repasser l'Atlantique, ce qui, ô désastre, signifierait un retard sensible de nos noces.

Pas d'autres nouvelles, je crois. Un ménage de merles a niché dans un laurier de la cour. Quatre bébés merles y tendent leur rose bec. C'est délicieux. Mais quelle tentation pour ce bandit de Pussy ! »

Pussy était un chat siamois.

Maman nous racontait à son sujet une histoire extraordinaire. Elle se situe avant le mariage de Suzanne et de Jeanne, ses sœurs.

Pussy avait mystérieusement disparu alors que la famille Plein s'apprêtait à déménager de la maison de Liège à la villa de Spa, pour une semaine de vacances.

Avec bonne-maman, il n'y avait pas de petit déménagement. C'était à chaque fois le grand branle-bas, les ordres et les contrordres, l'effervescence maximale !

La camionnette de la Maison Michels était bien remplie. On pouvait enfin partir. Et puis… « Où est Pussy ? Quelqu'un a-t-il vu Pussy ? » On l'a cherché dans toute la maison. Pussy, Pussy ! Et au jardin ? Dans les arbres ? Non. Le chat avait pris la poudre d'escampette.

« Oh ! tant pis pour lui ! Il est encore en vadrouille, décréta ma grand-mère à l'accent germanique. Pas de vacances pour Pussy ! Il tirera son plan. Il sait comment rentrer ici. Allez vite remplir ses bols. »

Une semaine plus tard, quand on regagna le logis de la place Saint-Barthélemy, ce bandit de Pussy était toujours invisible.

Et puis… On entendit un cri à l'étage. C'était Paula. Ouvrant le tiroir d'une commode, elle avait vu surgir le chat siamois. Quelle frayeur !

Sept jours plus tôt, quelqu'un avait refermé sur lui ce tiroir, par mégarde, dans le remue-ménage du départ. Sans doute le chat dormait-il, à ce moment-là ? Pendant sept jours, la pauvre bête n'avait eu que des feuilles de papier à se mettre sous la dent.

Ses griffes étaient devenues très longues, se souvenait maman.

Pussy, le vaillant siamois, apparaît sur une photo prise dans le jardin de Spa en août 1940. Témoin de deux époques, il aura connu au moins ma sœur Françoise bébé.

On raconte qu'il vécut longtemps auprès de bonne-maman. Heureux et satisfait.

12.

Mariage au bord de l'abîme

J'ouvre l'album de photos de Paula consacré aux années 1939, 1940 et 1941.

L'histoire commence à merveille. Elle finit mal.

John, omniprésent dans la première partie de l'album, sera le grand absent de la seconde partie.

Sur la page de garde, Paula a collé une photo très antérieure à son mariage : un groupe d'enfants devant le mur d'un jardin, à je ne sais quelle fête. Une communion solennelle ? Les garçons portent tous un costume marin. Je reconnais d'emblée le plus grand de ces gosses, son « sourire américain ». John a douze ans peut-être. Il est blond et coiffé en brosse. Je reconnais Jeanne, petite blonde, vêtue de blanc. Est-elle la communiante du jour ? Et Paula : le sourire un peu embarrassé, les cheveux mi-longs, le front mangé par une frange brune.

Maman nous disait : « Avant mon mariage, j'étais affreusement timide ! »

Cet aveu nous étonnait. Paula avait donc été timide, dans une autre vie… Tout le monde autour de nous admirait notre maman pour son abattage, son charme, son esprit, son aisance en société.

Je tourne la première page de l'album et voici le mariage de Paula et John, célébré le samedi 10 juin 1939.

John entre dans l'église Saint-Barthélemy, avec Marthe à son bras…

La maman du jeune marié est souriante et rêveuse. Un sourire de Joconde. Trente ans plus tôt, devant l'autel de cette belle église romane, en présence des mêmes anges protecteurs, sculptés par Jean Del Cour, Marthe a été unie à Ernest.

Peut-être des larmes brillent-elles aujourd'hui dans ses yeux gris ? Larmes très douces, venues de loin.

La réception et le banquet ont lieu dans les salons du restaurant *La Reine Pédauque*, à l'Exposition internationale de l'Eau. Les Liégeois se souviendront longtemps de cette grandiose exposition qui célébrait l'achèvement du canal Albert reliant leur ville à Anvers.

J'examine les photos du banquet. À la table d'honneur : tante Jeanne (de Coronmeuse), bon-papa, mammy, John, Paula, bonne-maman (qui a ôté, pour une fois, ses lunettes d'écaille) et enfin, oncle Eugène.

J'identifie plusieurs autres convives. Phina, grande amie de maman, qui sera ma marraine, ma « reine des livres », car elle dirigera la Bibliothèque Centrale de Liège. À côté d'elle : « Monsieur Guy », autre figure familière de notre enfance. Son nom est Guy Delrée. Nous l'appelons « Monsieur Guy », par déférence. Cela sonne comme un nom de guerre. Du reste, il était dans l'Armée Secrète avec papa. Son allure posée et son intégrité, son regard un peu hésitant de myope m'évoquent James Stewart dans *La Vie est belle*, de Frank Capra.

On nous racontait l'un de ses faits de résistance. Jeune magistrat militaire, Guy avait commis un délit impensable en falsifiant des fiches de prisonniers, par patriotisme. Les Allemands décidèrent un beau jour de renvoyer en Belgique tous les cultivateurs. Leur signe distinctif sur les fiches était *Br*, c'est-à-dire *Bauer.* Les militaires de carrière, considérés comme les plus dangereux, avaient comme signe *Brf*, c'est-à-dire *Berufmilitair.* Ainsi, la suppression de ce simple petit *f* pouvait transformer un farouche guerrier en paisible paysan, et donc l'introduire dans un convoi en partance pour la Belgique.

Monsieur Guy, toujours vêtu de sombre, fréquentera assidûment notre maison de la rue Trappé. Il avait besoin de notre gaîté insouciante. Il nous accompagnera dans des excursions du dimanche. Il roule (très vite) dans une voiture anglaise invraisemblable, une Wolseley noire. Ma petite sœur Anne le taquine en dérangeant ses cheveux, toujours ramenés avec soin en arrière.

L'homme à la Wolseley noire avait un secret, qui dépassait notre petit cercle enfantin. Nous ne l'apprîmes que très tard.

Au printemps de 1945, Monsieur Guy s'était fiancé à une demoiselle de Charleroi, licenciée en philosophie.

Un drame empêcha l'accomplissement de cette union. La jeune femme dut s'aliter entre la cérémonie civile et la bénédiction nuptiale, qui fut donnée à son domicile. Quelques jours plus tard, elle succombait à la fièvre typhoïde.

Voilà son triste secret. À peine marié, notre gentil Monsieur Guy s'était retrouvé veuf.

Ma sœur Françoise garde un souvenir ténu de ce drame. Une image. Toute petite, elle avait assisté avec sa maman à une étrange cérémonie de mariage dans la basilique de Cointe. « Monsieur Guy portait un habit. Il était seul, face au prêtre », raconte-t-elle.

Ayant contracté lui aussi la fièvre typhoïde, le jeune magistrat passa plusieurs semaines à l'hôpital, sans recevoir aucune visite, tant il était faible. Il fut déclaré hors de danger en octobre 1945.

Je reviens à l'album du mariage de John et Paula.

Cet homme à lunettes, encore jeune, un peu chauve déjà, est Léon-Ernest Halkin, autre grand ami de mon père. Historien de la Renaissance, spécialiste d'Érasme, il a été nommé depuis peu professeur à l'Université de Liège. Dans une lettre de janvier 1939, Paula écrivait : « Léon Halkin a fait hier sa leçon inaugurale publique : un chef-d'œuvre. »

Et voici Denise, son épouse française. Une dame très gentille, impulsive, pleine d'intelligence. Elle a l'accent chantant de l'Auvergne, sa région natale. Entre Denise et Léon, tout a commencé dans une rue de Paris, un jour de mauvais temps, quand la jeune fille de Saint-Flour a proposé un petit coin de son parapluie à l'étudiant liégeois inscrit à la Sorbonne.

Leur couple sera très présent dans la vie de mes parents, jusqu'à la fin.

Assis à une autre table, un monsieur tout chauve, au premier plan, fixe le photographe. C'est l'oncle Johannes, le frère de bonne-maman. Professeur de chimie au *Gymnasium* de Siegburg, l'oncle d'outre-Rhin paraît grave, un peu triste, à côté d'une dame toute rieuse. Dans son pays, Johannes Michels veille à dissimuler son aversion pour le nazisme. Plutôt que de brailler *Heil Hitler!* en levant la main, il profère : *Drei litters!* Ce qui signifie : « trois litres ! » Son air convaincu donne le change.

L'oncle de Rhénanie et l'oncle de la place Coronmeuse…

Leur présence à ces noces me rappelle une très vieille anecdote, dont ils furent les acteurs. Papa me la racontait en riant. Elle se passe pendant la Grande Guerre, sous la première occupation de Liège par les Allemands – l'époque si bien décrite par Georges Simenon dans *Pedigree :* l'ambiance glauque qui régnait dans la ville, les échanges furtifs sur les trottoirs, les réverbères à gaz dont les vitres passées au bleu, par crainte des avions, éclairaient à peine les boulevards.

Un dimanche après-midi, *Herr Professor* Johannes Michels, revêtu de son uniforme, déambule dans le centre de Liège. A-t-il été déjeuner chez sa sœur Maria, l'épouse de Pierre Plein ? L'oncle d'Allemagne se sent bien seul parmi les badauds. Il aperçoit enfin un visage connu : le sympathique Eugène Frisée, grand copain de Pierre Plein. Tout heureux de cette rencontre, Johannes hèle l'homme au nom de salade. « Eugène, Eugène, vous ne me reconnaissez pas ? » Frisée fait la sourde oreille. Il ne tient pas à être vu en compagnie d'un militaire allemand. Liège est un gros village. Tout se sait. Eugène presse le pas. Johannes aussi. Le paisible professeur de chimie du *Gymnasium* de Siegburg ignore-t-il à quel point les Prussiens sont détestés par ici ? Les casques à pointe se sont montrés si brutaux quand ils ont envahi Liège, en août 1914.

Eugène se met à courir... Johannes aussi ! Ils se perdent de vue place Saint-Lambert.

Les deux hommes se retrouvent donc au mariage de John et Paula, en juin 1939, alors que la menace d'une nouvelle guerre se fait de plus en plus pesante. Eugène et Johannes ont-ils pris ensemble un pousse-café, ce jour-là ? Ont-ils évoqué leur absurde course-poursuite dans les rues de Liège, jadis ?

Après le repas, toute la noce embarque sur un bateau- mouche pour une excursion, par un soleil radieux. Dans le coin d'une photo, je surprends un tendre aparté entre les jeunes mariés. Ils rient comme je ne les ai jamais vus rire !

Suivent les photos du voyage de noces. John avait rêvé de montrer à la femme de sa vie le Canada, son pays natal, qu'il ne connaît lui-même que dans les souvenirs mystérieux de sa première enfance, entretenus par des photos vénérées. Mais la longueur du voyage et la situation internationale très tendue l'en ont dissuadé. John et Paula ont choisi des pérégrinations à travers la France, dans la petite Opel décapotable de Pierre Plein, le père de la mariée.

Les Vosges, l'Alsace, le Jura, les Alpes... Avant de mettre le cap sur la Méditerranée.

Paula photographie John, endormi dans leur chambre d'hôtel. John, occupé à cuire un « beefsteak sauvage » sur un petit réchaud, lors d'un pique-nique champêtre à deux. John, les bras croisés, contemplant les moutons qui ont envahi une route de montagne et bloquent leur auto.

Paula prend le temps d'écrire à Jeanne :

« Une pause de trois jours à Monte-Carlo, qu'on voudrait voir durer toujours ! Du reste, ce fut notre désir, à chaque station : ne plus quitter !

Le soleil nous est rendu depuis dimanche soir : le voyage jusqu'à la Méditerranée fut tout un poème : 450 km par une pluie étourdissante, ahurissante ! L'Opel, transformée en canot automobile, résistait fièrement, grâce à la maestria de son pilote.

John conduit sans cesse ; je me satisfais du rôle de guide-liseur de carte. La grande bleue est plus bleue que tout ce qu'on avait pu rêver. Et toute la côte recèle des merveilles. Nous passons nos après-midi à l'explorer. Cannes nous a spécialement épatés par sa plage magnifique, et l'élégance des élégantes. »

Après la Côte d'Azur et Marseille : remontée par l'Auvergne. John photographie Paula à l'entrée de Saint-Flour. C'est un clin d'œil à leurs amis Halkin : Denise, l'épouse du professeur, est originaire de là-bas.

Et puis Paris.

L'itinéraire de leur voyage de noces ressemble fort au tour de France que nous avons fait en famille, l'été 1955.

Paula et John avaient emmené avec eux leurs trois aînés – les deux plus petits restaient à Spa sous la garde de mammy, qui adorait ce rôle.

Ce fut mon plus beau voyage. Le point d'orgue de mon enfance. Tout me semblait presque parfait. Cet été-là, un coureur wallon, Jean Brankart, faillit même remporter le Tour de France. Il fut devancé par Louison Bobet.

Nous avons escaladé en famille, seize ans après les jeunes mariés, le col du Galibier, l'un des points culminants d'Europe.

« La descente fut encore plus mirobolante. On s'assied sur son postérieur, dans la neige, et on se laisse glisser dans un grand giclement blanc. » Ces mots que Paula écrivait à Jeanne, en 1939, je puis les reprendre à mon compte. Nous avons fait la même glissade sensationnelle.

Il me semble que, certains soirs, sortant du restaurant de l'hôtel et traversant avec nous son parc enténébré, John et Paula se tenaient tendrement enlacés. Au cinéma, nous ne prisions guère les scènes d'amour entre Robert Taylor et Ava Gardner dans *Les Chevaliers de la Table Ronde*, Gregory Peck et Virginia Mayo (*Capitaine sans peur*), Errol Flynn et Olivia de Havilland (*Robin des Bois*). Les séquences sentimentales nous endormaient. Les parents n'allaient tout de même pas nous en jouer une, en vrai ! Petit garçon, je m'étais juré de ne « jamais me marier ». Très peu pour moi !

Sans nous le dire, John et Paula accomplissaient leur voyage de noces bis. Ils étaient fiers de nous montrer « leur France ». Nos émerveillements, d'étape en étape, participaient à leur joie.

De même, les films qui vous ont emballés, jadis, vous aimez les revoir en compagnie de vos enfants.

En 1955, comme en 1939, papa s'est arrêté à Saint-Flour. Les Gheur saluent les Halkin, en vacances là-bas. Lors du déjeuner dans un restaurant, mon appétit vorace pour un plat régional (le pied de cochon à la moutarde) a épaté la volubile Denise, dont l'accent auvergnat nous amuse.

À Vichy, nous avons vu Louison Bobet sprinter sur le vélodrome, lors d'un « critérium » d'après Tour de France. Chaque fois que le champion passait à notre hauteur, Jean-Paul et moi hurlions comme des fous. À Vichy encore, nous avons vu un film très inspirant pour de jeunes garçons : *Ulysse*, avec Kirk Douglas et Silvana Mangano. Dans une librairie, nous nous sommes jetés sur le *Journal Tintin*. Mais ce numéro-là avait pour nous un air de déjà lu. En effet, pour les enfants de France, les aventures de Tintin, de Blake et Mortimer, Alix l'Intrépide, Dan Cooper, Chlorophylle et Anthracite, Pom et Teddy, etc., se déroulaient avec un certain retard sur les livraisons belges.

Dans notre famille, l'arrivée du *Journal Tintin*, le jeudi, tournait au repas de fauves. Qui s'en emparerait le premier ? Pour éviter les pages déchirées, Jean-Paul et moi avions conclu un pacte. Nous nous asseyions tous les deux sur une marche d'escalier. Et chacun à son tour lisait une page à voix haute.

Le vrai voyage de noces de John et Paula s'achève à Paris.

Ils vont au théâtre du Grand-Guignol. Ils assistent au récital de Charles Trenet à l'ABC.

Maman m'a raconté :

« Nous étions dans les premiers rangs. Papa prétendait que le fou chantant n'arrêtait pas de fixer son regard sur moi. Ça le rendait jaloux ! »

L'été 1939, les jeunes mariés rentrent à Liège et s'installent dans leur nouvel appartement, quai Saint-Léonard.

Le 1er septembre, les Allemands envahissent la Pologne. C'est la guerre ! À Liège, l'Exposition de l'Eau est « momentanément fermée ».

Ce « moment » durera toute la guerre. Et au-delà.

Le 14 septembre, Paula écrit à Jeanne :

« Jouissez autant que possible du bonheur d'être ensemble. Je l'ai si peu goûté, mais ma consolation actuelle, c'est d'évoquer nos moments heureux. Qui eût cru que ces "abîmes" de joie côtoyaient des abîmes d'inquiétude ? »

Le site de l'Exposition de l'Eau, ce grand parc abandonné, au bord de la Meuse, deviendra un extraordinaire terrain vague. Les arbres, les ronces et les épines entrelacées les uns dans les autres vont croître autour et à l'intérieur des étranges vestiges du zoo de 1939. La nature prend le pouvoir. Et nos imaginations s'en donnent aussi. Selon le grand film d'aventures du moment, les ruines de la fosse aux ours deviendront tantôt le château du roi Arthur, tantôt le cirque des gladiateurs, tantôt un fortin de la cavalerie américaine attaqué par les Sioux…

Un aigle de pierre restera longtemps accroché à la façade du pavillon de l'Allemagne, construit en dur. Là, ce n'était pas du cinéma. C'était l'oiseau de malheur du Troisième Reich.

Les jeudis, mammy nous conduira dans ce terrain vague à moitié rêvé, que nous surnommons la brousse.

L'entrée de l'ancienne Exposition de l'Eau se trouve en face de chez elle. Il suffit de traverser la place Coronmeuse pour gagner le Far West. C'est commode !

13.

Sain et sauf

C'est la drôle de guerre… *Les Anglais disent:* Phoney War *(fausse guerre). Et les Allemands:* Sitz Krieg *(guerre assise). À l'Ouest, le front reste calme pendant plusieurs mois. Retranchés derrière la ligne Maginot, les Alliés attendent l'assaut des forces allemandes.*

Paula n'a pas eu trop à se plaindre de la drôle de guerre. Son jeune mari est basé dans une ferme sur les hauteurs de Spa, près de l'aérodrome de Malchamps. Maman l'y rejoint le samedi après-midi, jusqu'au dimanche. Elle a l'espoir que, dans ces fagnes, au sein de ce pays perdu, qu'elle aime tant, John ne sera pas exposé aux bombardements les plus intenses, en cas d'offensive allemande.

2 octobre 1939

«Ma chère Jeanne,

Contrairement au très vif désir que j'en ai, il ne m'est pas possible de me rendre chez toi avant mercredi; maman est engagée dans les conserves de soupe verte, qui auront lieu vraisemblablement demain – perspective peu réjouissante certes, mais comme j'ai repris ici ma vie de jeune fille, avec en plus le devoir de reconnaissance que j'ai à remplir en échange de l'hospitalité que j'étais bien obligée d'accepter – il me faut bien reprendre mon rôle habituel.

Entre nous, cela m'est trois fois plus pénible qu'avant mon mariage, pour cette raison première qu'alors j'avais l'espoir certain que cette période allait se terminer à une date fixée… et attendue avec l'impatience que tu sais ; ensuite, ma résistance à l'énervement et à la fatigue est infiniment diminuée.

Je conserve un souvenir exactement radieux du dernier séjour de John à Liège. Nous avons été tellement, tellement heureux que nous en étions tout étonnés nous-mêmes ! Dieu sait pourtant que je Le remerciais matin et soir de m'avoir donné cet incomparable compagnon de vie. J'ai seulement peur maintenant de le perdre, après l'avoir découvert tel. Il y a seulement quelques jours que j'ai une vraie inquiétude, des… arrangements… ou… dérangements internationaux. Jusqu'ici, je me bornais à déplorer la mobilisation à longue échéance – et les séparations qu'elle provoque. »

Paula attend un bébé pour le mois de mars.
Décembre 1939

« Ma chère Jeannot,

Puisque tu t'enquiers si aimablement de ma santé, je te réponds qu'elle est excellente. Cours tout normal, dit le médecin. Et mon tour de taille évolue si lentement à mon avis, que je ne puis encore m'habituer aux regards mi-narquois, mi-attendris qui jaugent mon périmètre !

Étant si occupée par ailleurs, je n'ai pas encore eu le temps de m'en faire pour la redoutable échéance "martiale".

Il suffit cependant qu'on s'enquière, telle mon amie Mima avec l'adresse qui lui est coutumière : "Et tu n'as pas si peur ?", pour me remplir de tremblements.

Tu sais, pas peur de souffrir, car le jeu en vaut la chandelle, mais frousse d'y rester. Car John serait tellement désemparé, je crois.

Vraiment, on ne peut dire que les circonstances actuelles, si anormales, fassent obstacle à notre mutuelle tendresse. Au contraire, il semble qu'elles en sont encore un piment.

C'est peut-être stupide à dire, vu le peu d'esthétique de mon actuelle silhouette, de mon visage arrondi, de ma sempiternelle toilette, etc. Phina m'a dit hier, avec la simplicité qui la caractérise : "Tu as de la chance d'avoir si bonne mine, mais, franchement, les talons plats ne t'avantagent pas !"

Bref, malgré tout, je suis certaine que nous sommes chacun de plus en plus amoureux de l'autre, au fur et à mesure de nos rencontres.

Celles-ci sont d'ailleurs grâce à Dieu relativement fréquentes. Je m'embarque, chaque samedi 2 h, pour Hockai, John m'y attend à 4 h 20. Et on se rend, le plus souvent à travers neiges, pluies et vents, à la ferme qui l'abrite.

Cela fait environ une demi-heure de balade.

On soupe dans sa chambre. Son ordonnance a fait les emplettes à Francorchamps. Il nous sert gravement à table et soigne d'ailleurs John quasi maternellement !

Le soir, le plus souvent, nous demeurons *at home* à bavarder, à faire des projets, à lire ensemble à haute voix ; ce qui nous plaît très fort.

À Liège, lors d'une permission, John est allé voir avec moi nos meubles. Eh bien, il préfère de beaucoup une teinture foncée sur ceux-ci.

Ce qui s'explique en partie par l'ambiance de chez lui – et chez nous, à laquelle il s'est habitué. (Tu sais que c'est un garçon extrêmement conservateur : mêmes cigarettes, même brillantine. Même femme !)

Enfin, cela peut s'arranger. J'ai encore un tas de choses à te raconter. C'est invraisemblable !

La Saint-Nicolas a été fêtée, comme d'habitude. Pierre a reçu un moteur pour son meccano. Maurice, je ne sais plus quoi. John, un gilet de chat dont il est enchanté… Et *moâ*, un livre, *Gone With the Wind*, dont tu as sûrement entendu parler.

Je lis actuellement beaucoup, la nuit seulement, où je suis éveillée 3-4 heures.

À propos, il me semblait indécent que nous soyons, depuis si longtemps, gâtées par saint Nicolas sans que maman ait une fois sa part. Aussi j'ai cherché à Liège – et découvert chez Tyssens – un amour d'harmonium que nous lui offririons en commun, si tu es d'accord.

Elle est follement emballée. C'est un meuble minuscule à un seul registre, mais d'un son magnifique. Elle le préfère à d'autres, à claviers multiples.

Celui-ci serait aisément transportable à Spa.»

11 mars 1940

«Le 15 mars approche, date fatidique en deux sens : la *Blitzkrieg* d'Adolf va-t-elle se déclencher ? Et sera-ce pour moi aussi la grande offensive ? N'avez-vous pas l'impression que beaucoup de choses ténébreuses se préparent et que le moins attendu pourrait arriver ?»

Françoise naît le 22 mars. Jeanne envoie à sa sœur des photos du bébé dans les bras du jeune papa en uniforme.

3 avril 1940

«Inutile de te dire quel plaisir m'ont fait tes magnifiques photos. Je ne cesse de les regarder à chaque minute, et maintenant elles sont étalées sous mes yeux et font ma joie. C'est épatant d'avoir réussi ainsi des intérieurs. Et vraiment, pour des souvenirs qu'on ne pourrait recommencer à prendre, c'est une réussite magistrale.

Françoise est photogénique, ne trouves-tu pas ? Que sera-ce dans vingt ans ? Elle continue à être un amour. Vraiment sage jour et nuit : elle pleurniche seulement un peu dans la soirée, mais le reste du temps dort à poings fermés.

À 7 jours, elle avait récupéré son poids initial. Et maintenant elle pèse déjà 3350 grammes. Bref, elle ne me donne que des satisfactions, et j'en raffole.

Je suis si contente de sentir John heureux d'être père, et déjà attaché à sa fille. Comme c'est anormal en somme de penser qu'il ne la verra que deux fois par mois ! Je vais lui envoyer tes photos qui le charmeront certainement.

Mon temps coule sans lenteur. Des visites en assez grand nombre. Maman vient chaque matin, mais en trombe ! Elle arrose les plantes, change les draps de lit, met de l'ordre… Bref, amuse toute la clinique par sa débordante activité !

Mammy, elle, arrive posément chaque après-dîner, et reste deux ou trois heures.

Pierrot me tient fidèle compagnie, est connu de tous ici et suit de près tous les événements de la clinique !

Entre-temps, je lis pas mal : *L'anneau du Pêcheur*, de Selma Lagerlöf, *Épilogue* des Thibault de Roger Martin du Gard, *Marie Stuart* de Stefan Zweig.

Les infirmières sont toutes gaies et gentilles. Et je t'assure que la chambre de "Madame 39" a la réputation d'entendre des rires fréquents. »

Le matin du 10 mai 1940, de la loggia de son appartement, Paula découvre une multitude d'avions allemands dans un ciel radieux.

Le 28 mai, dans la « chambre flamande » (ainsi appelle-t-on le *living-room*, dans cette famille), Paula et sa mère écoutent le discours radiodiffusé de Paul Reynaud.

Le président du conseil français reproche au roi des Belges, Léopold III, d'avoir « capitulé brusquement, sans conditions, en rase campagne ». Un reproche qui déclenche la colère de Maria. C'est trop fort ! Ma grand-mère, toujours si digne, envoie un crachat magistral sur le poste de T.S.F.

Quand elle nous a raconté ce souvenir, Paula n'en revenait toujours pas.

J'ai trouvé dans nos archives une petite enveloppe pour carte de visite, adressée à maman. Elle porte le cachet de la Croix-Rouge de Belgique.

Paula l'avait reçue le cœur battant.

J'ouvre la petite enveloppe. Je reconnais la belle écriture de papa.

31 mai 1940
Sain et sauf – Prisonnier – Bien affectueusement à tous
John

Les temps difficiles commençaient.

Deuxième partie

L'ATTENTE, LE DANGER

1.

Une maison sur les hauteurs

Je dévale l'escalier monumental de la Montagne de Bueren… « Dévaler », c'est beaucoup dire. Je le descends avec prudence. Nous sommes en 1985. J'ai quarante ans. Déjà !

Combien de marches ? L'éternelle question. Je croise une bande de louveteaux qui grimpent en marmonnant des chiffres. Ils comptent, ils prennent des notes. Ils sont lancés dans un « jeu de ville ».

Je m'arrête vers le milieu de l'escalier. Je m'assieds sur un banc. J'ouvre mon bloc-notes. D'ici, on n'aperçoit plus la Meuse au creux de la vallée. Deux petits garçons, surveillés par leur jeune père, se laissent glisser sur les rampes, comme sur des toboggans. Mes deux fils ont fait cela, eux aussi.

Quarante ans ! Suis-je au milieu du chemin de ma vie ?

L'escalier de Bueren aboutit en Hors-Château, dans le quartier du Nord, où sont mes racines. Il a été aménagé vers 1880, à l'intention des soldats de la Citadelle de Liège. On voulait inciter les permissionnaires de minuit à filer droit, sans se perdre dans les petites rues louches. Notre oncle Eugène, conscrit de la Belle Époque, était caserné là-haut. Il nous parlait de ses descentes et ascensions quotidiennes. Il n'avait pas oublié le nombre de marches : 374 ! Une chanson de troufions, sur un air de sonnerie du clairon, lui trottait encore dans la tête.

Allons, soldats, levez-vous
Pour éplucher les patates et les choux !

Il fut un temps où le drapeau à croix gammée flottait sur la Citadelle de Liège.

Un monsieur âgé vient de me raconter un souvenir terrible de ce temps-là. Adolescent, il habitait sur les hauteurs de Liège. Certains matins, très tôt, quand il s'élançait vers l'escalier de Bueren pour se rendre au collège, le garçon percevait au loin, derrière son dos, une salve de coups de feu. Il frissonnait… Le peloton d'exécution fusillait des résistants dans le parc de la Citadelle.

Des témoignages de ce genre, j'en griffonne beaucoup depuis quelques jours dans mes blocs-notes de reporter. Je les recueille aussi sur des bandes magnétiques. Le journal qui m'emploie célèbre les quarante ans de la fin de la guerre.

Alors, assis sur l'un des bancs qui jalonnent la Montagne de Bueren, je relis mes notes hâtives. Elles me semblent déchiffrables, même si ma main a parfois tremblé. J'enfonce la touche « retour en arrière » de mon petit magnétophone. La bande se rembobine.

« Allez-y, cher Bernard. Je vous écoute… »

Parfait. La voix de mon interlocuteur est bien claire.

Ce matin, je me suis rendu chez le vieux professeur Halkin, tout là-haut, pour lui poser quelques questions. *À l'ombre de la mort*, le livre dans lequel il raconte sa captivité, vient d'être réédité.

Membre d'un réseau de résistants, Léon-Ernest Halkin a été arrêté par la Gestapo le 17 novembre 1943, torturé, puis envoyé en Allemagne, sans jugement, sous l'étiquette *Nacht und Nebel*.

Détenu dans les camps et prisons de Breendonk, Saint-Gilles, Cologne, Gross-Strehlitz, Gross-Rosen, Dora et Nordhausen, il a échappé par miracle à cet enfer le 11 avril 1945.

Denise et Léon Halkin habitent rue du Péry. Une enseigne en pierre a été insérée dans le mur d'enceinte de leur jardin. Elle représente *l'Homme sauvage*, un colosse barbu, vêtu d'un pagne, armé d'un gourdin.

Je sonne. La grille s'ouvre et révèle une paisible demeure ancienne, au milieu d'un jardin planté d'arbres. Une inscription sur la porte blanche : *PAX HUIC DOMUI*. Bâtie en 1765, cette demeure est contemporaine de la maison de nos jeudis, celle qui nous était si chère, la maison d'oncle Eugène.

À dix-huit ans, comme tant d'étudiants, j'ai assisté au cours du professeur Halkin intitulé *Initiation à la critique historique*. Cet homme réservé, d'une timidité un peu intimidante, transformait chacune de ses leçons en une conférence passionnante.

M'accueillant dans son bureau comblé de livres, il se montre très affable. Il m'a connu enfant. Et puis je lui rappelle John et son jeune frère, André. L'adolescent de Coronmeuse, fou d'antiquités, eût aimé cette demeure.

« Il paraît, Monsieur Halkin, que vous préparez une biographie d'Érasme. »

Il sourit.

« Eh oui ! Elle est presque écrite. Je la peaufine.

— Vous avez trouvé le titre ?

— *Érasme parmi nous*. Vous savez, je vis avec Érasme depuis de nombreuses années. Et plus je le connais, plus je m'y attache. Sa tolérance a choqué beaucoup de ses contemporains. C'est bien pourquoi elle nous ravit. »

J'observe le professeur. Je me dis qu'avec les années il ressemble de plus en plus au prince des humanistes peint par Hans Holbein.

Je déclenche mon petit enregistreur.

« Allez-y, cher Bernard. Je vous écoute… »

2.

Le prêtre au regard très doux

« Monsieur Halkin, votre livre est dédié à tous vos camarades morts en captivité. Et, en particulier, à l'abbé Émile Boufflette, vicaire de Saint-Christophe à Liège. C'était notre paroisse quand nous habitions rue Trappé. Sur la façade du presbytère, une plaque rendait hommage à ce prêtre. Son visage y était représenté. Il m'est devenu familier.

— J'ai côtoyé l'abbé Boufflette dans la prison de Gross-Strehlitz, tout à l'est de l'Allemagne, en Silésie, où je suis arrivé en mai 1944. Nous n'étions pas loin du plus terrible des camps, Auschwitz, mais nous ne le savions pas encore. Plusieurs prêtres étaient prisonniers dans cette forteresse. J'ai assisté là-bas à des scènes très touchantes. Je me souviens d'un jour d'octobre, dans un vieux lavoir bien sale… L'abbé Boufflette a dit la messe et nous a donné la communion, très vite, évidemment, comme un malfaiteur qui craint d'être surpris. C'est la liturgie des premiers chrétiens. J'aimais beaucoup Émile Boufflette. À mon avis, c'est un saint.

Il y avait aussi là-bas tout un état-major de l'Armée Secrète, arrêté en même temps, à la suite d'une trahison. Ce fut un drame affreux. Ces officiers supérieurs belges ont été traités très durement par les Allemands. Et, moi qui suis plutôt antimilitariste, j'ai beaucoup admiré ces officiers. Ils avaient une formation, un style. Et ils les ont gardés jusqu'à la fin.

— Monsieur Halkin, vous vous êtes engagé dans la Résistance dès la capitulation de la Belgique. Pourquoi ?

— Je l'ai fait malgré mes six enfants… Ou plutôt, pour eux. Je voulais les sauver de la *Hitlerjugend.* Quand la guerre a éclaté, j'ai eu l'impression d'être un homme inutile. J'avais été réformé, pour ma mauvaise vue. Je n'étais pas du tout un homme prêt à porter des bombes. Tuer des Allemands, ça ne me ne disait rien.

J'ai fondé un petit journal, appelé *Ici la Belgique libre*. Je tapais ça sur ma machine à écrire, ce qui était, paraît-il, très imprudent. Enfin… Je n'en savais rien. Et j'avais des amis qui les distribuaient, qui les mettaient dans des boîtes aux lettres. Il ne me reste plus un seul exemplaire de ce journal. Perdu. Il y en a un au musée de la Vie wallonne. C'est tout ce que je sais.

Cela m'a occupé beaucoup intellectuellement. Il fallait réfléchir, ne pas dire de bêtises, ne pas donner de fausses nouvelles pour soutenir le moral.

Je me rappelle combien j'avais horreur des informations trop optimistes de la radio anglaise. J'en ai entendu qui prétendaient que Breendonk n'était pas un camp sévère. Eh bien, je vous assure, j'ai joliment déchanté, à cause de ça. Qu'est-ce que j'ai fait encore, pendant la guerre ? J'ai un peu aidé un aviateur ou l'autre en leur donnant un costume.

— Vous n'avez jamais hésité sur le camp à choisir ? Le nazisme représentait pour vous le mal. C'était l'ennemi…

— Je n'ai eu aucune hésitation. Les Allemands étaient en Belgique comme des voleurs dans une bijouterie. Un jour, nous avons été victimes, si je puis dire, d'un bombardement à Liège. Nous avons trouvé des cailloux dans le berceau de notre petite fille, Lucie. Elle n'a pas été blessée. Mais ça nous avait beaucoup émus, Denise et moi. Nous avons voulu habiter hors de Liège. Nous avons trouvé une très jolie maison à Tilff. Nous avons été très heureux. Et c'est là que j'ai été arrêté.

— Êtes-vous venu en aide à des Juifs ?

— Soit à Liège soit à Tilff, je connaissais des Juifs et particulièrement le rabbin. Un jour, il est venu me voir à Tilff. Il arrive vers quatre heures et je me dis : il faut tout de même lui offrir quelque chose. Je lui demande de m'attendre un moment. Je prends mon imperméable et mon chapeau, et je m'en vais à la pâtisserie (car il y en avait encore une). J'y trouve ce qu'il faut. La boulangère me regarde d'un air inquiet. En suivant son regard, je m'aperçois que je portais l'étoile jaune.

— Vous aviez pris le manteau du rabbin !

— Oui. Son manteau ressemblait au mien. Je suis revenu discrètement à la maison. Je n'ai rien dit au rabbin. J'ai trouvé que c'était une histoire drôle.

— Une belle histoire…

— J'en ai encore une autre avec le rabbin. Il était très malheureux. C'est un homme qui supportait mal la guerre. Il avait peur d'être arrêté. Et je dois dire qu'il n'avait pas tort. Il souhaitait se cacher. Il vivait seul. J'étais très embarrassé. Je lui ai dit : "Nous allons demander conseil à l'évêque de Liège, Kerkhofs". Il est venu avec moi à l'évêché. Mgr Kerkhofs l'a reçu comme un confrère. Ça, c'était beau, ça m'a beaucoup plu. Il aurait pu le regarder d'un peu haut, comme un pauvre diable. Pas du tout. Pour lui, c'était vraiment un confrère : monsieur le rabbin de Liège.

L'évêque Kerkhofs était comme ça. Il avait beaucoup de grandeur. Il a pris des risques pendant la guerre. Dans les conférences épiscopales, il s'est retrouvé parfois tout seul contre les autres évêques et le cardinal Van Roey, qui ne voulaient pas qu'on parle de ceci, qu'on parle de cela, qui étaient beaucoup plus prudents. Le rabbin a été caché par l'évêque sous une soutane. Jusqu'à la fin de la guerre, il est resté son chapelain. Il le suivait à Banneux, où des enfants juifs étaient hébergés dans un couvent. »

Quelques jours après ma rencontre avec le professeur Halkin, j'ai parcouru le quartier de mon enfance. J'avais une date à vérifier. Des émotions à retrouver.

Je remonte la rue Saint-Gilles : une suite de boutiques. Jadis, on y voyait déambuler les derniers pères jésuites en soutane. Des trolleybus, meilleurs grimpeurs que les trams, passaient par là. Et même la charrette du brasseur, tirée par un fort cheval.

Je prends la rue Trappé. Notre ancienne maison n'existe plus. Je bifurque vers l'église Saint-Christophe.

En revenant du collège Saint-Servais, je faisais souvent un crochet jusqu'au presbytère. La liste des films de la semaine (avec, pour chacun d'eux, une « cote morale ») était affichée à une fenêtre de cette petite maison. Les titres des films classés « pour adultes avec des réserves », « à déconseiller », ou « à proscrire », piquaient ma curiosité.

Me voilà devant cet ancien presbytère. Je contemple la plaque scellée dans le mur. Sous le portrait en relief d'un jeune prêtre au regard très doux, on lit :

À l'abbé Émile Boufflette
Martyr du camp de Dora
Mort le 14 mars 1945

Le vicaire de Saint-Christophe, arrêté par la Gestapo dans cette maison, au petit matin, déporté en Allemagne pour avoir secouru des Juifs et des ouvriers réfractaires, était mort d'épuisement. Il avait trente-trois ans. Le printemps était tout proche. Et moi, je venais de naître.

3.

Paula, « veuve de guerre »

Depuis le 28 mai 1940, John est prisonnier de guerre en Allemagne.

De leur côté, Jeanne et Joseph, craignant les bombardements, ont fui Louvain avec leur petite fille toute bouclée, Christine, dite « Poulou », transportée dans une brouette. Des connaissances, qu'ils rencontrent par hasard, sont en panne de chauffeurs pour leurs deux voitures. Cela tombe bien. Jeanne se met au volant de l'une et Joseph conduira l'autre.

Les réfugiés belges affluent vers la Bretagne. Jeanne, Joseph et leurs compagnons arrivent à Quiberon, où une vieille dame les accueille.

À Liège, Paula reprend la plume.

20 juillet 1940

« Bien chers Jeanne et Joseph,

Nous avons entendu les bonnes nouvelles, avec d'autant plus de plaisir que nous fûmes très longtemps inquiets sur votre sort. En effet, tous les réfugiés n'ont pas réussi aussi bien que vous !

Aussitôt que ce fut possible, papa et maman sont allés à Louvain : votre maison a été épargnée par ce terrible bombardement. Elle a été seulement occupée par des soldats allemands. Mais maman a enlevé du numéro 123 tout ce qu'il était possible d'emporter.

Puisqu'il paraît que toi, Jeanne, tu te portes bien, et que Christine est florissante, on peut dire que nous avons encore eu de la chance au milieu de ces aventures. La seule grande ombre au tableau est l'absence de John ; grâce à des fréquents messages (par la Croix-Rouge), nous n'avons pas été longtemps inquiets sur son sort. Il est en Allemagne, mais la libération des soldats est annoncée : nous l'attendons avec la plus grande impatience.

Vous aussi, nous nous réjouissons terriblement de vous retrouver. Papa et maman comptent bien que vous commenciez par passer à Liège quelques semaines afin de vous remettre de toutes vos émotions. Votre maison ne vous serait pas accueillante pour le moment, d'ailleurs.

Je crois bien qu'une bonne moitié de Liège s'est enfuie – bien à tort, car il y a eu très peu de dégâts.

Françoise se porte très bien. Je suis place Saint-Barthélemy maintenant. Donc, revenez aussi vite que possible – Nous vous embrassons tous bien affectueusement.

Paula »

25 octobre 1940

« Chère Jeanne,

Ta lettre nous a passablement ahuries, maman et moi. En quoi avons-nous pu être si "sèches" ? Nous nous le demandons avec anxiété. Car j'ai écrit vraiment sous sa dictée, et en toute hâte.

Peut-être est-ce mon reproche à Joseph de ne pas encore avoir écrit un mot à John ? Mais, à mon avis, j'ai assez attendu avant de risquer une allusion sur ce sujet. Excuse-moi de t'avoir fait de la peine involontairement.

À ma décharge, j'invoque mon cafard croissant, dû à l'absence de John – et l'impatience qu'avoue toute "veuve de guerre" vis-à-vis de ceux qui ne partagent pas leur sort. Mets-toi une demi-seconde à ma place ; et tu comprendras mieux que je n'ai pas toujours envie de rire. Je sais bien que j'ai une grande chance de vivre ici, bien entourée et à l'abri de tout souci matériel.

La vie se poursuit ici, très monotone. Les nuits sont animées, plus que les journées ! Il faut voir l'agitation de maman au premier ronron des Anglais !

Papa s'obstine à rester au lit ! Et cela fait des cris de désespoir de maman, qui tremble de quitter la cave, et gémit dans les escaliers pour l'appeler en bas !

Françoise est même descendue en cave avec 39 degrés de fièvre, lors de son vaccin. Celui-ci est quasi oublié, mais j'ai pu connaître, à cette occasion, la joie des nuits blanches. Elle a gardé son sourire, mais a été très accablée.

Je vous laisse maintenant – car il est 10 heures (soir) et je dois encore écrire à Johnny.

Paula »

4.

Où est maman ?

29 octobre 1940

« Voilà trois semaines que je n'ai reçu un mot de John – mais je ne suis pas inquiète outre mesure, car il y a, ces dernières semaines, beaucoup d'irrégularités dans les correspondances. Ce que je vous disais de ses menus à l'*oflag*, je ne le tiens pas de lui, mais d'un médecin rentré de là-bas. Lui ne m'a jamais rien dit du point de vue matériel – et n'a jamais émis un mot de plainte sur quoi que ce soit.

Il m'a toujours assuré se porter magnifiquement, et ne donne aucun autre détail. – Papa s'en impatiente même parfois, toujours à l'affût d'un renseignement quelconque à communiquer à ses amis-parents-de-prisonniers-de-guerre-en-Allemagne !

Ce sont toujours des "lettres d'amour", simplement ! comme si elles étaient écrites de Liège même. Tu comprends que c'est tout ce que je demande. »

20 mars 1941

« Quant à John, c'est le désastre. J'ai reçu récemment la certitude que notre pauvre foyer dévasté ne sera "recollé" qu'à la fin de la guerre. Il sera relâché le "dernier", paraît-il. Inutile de te décrire mon chagrin. Mais ceci, entre nous absolument. Mammy elle-même attend encore son fils avec grand espoir. Je n'ose lui en rien dire. »

24 juin 1941

« Oncle Eugène se tourmente fort. Il a perdu 16 kilos ! Il nous a fait rire hier en nous montrant que le ventre disparu lui permet de remonter son pantalon jusqu'au menton ! Cela épargne la cravate, a-t-il dit.

Il n'y a que moi qui reste la grosse dondon gourmande, à mon grand dam.

Reçu hier une bonne lettre de *l'Oflag II A* ; John pèse toujours ses 70 kilos, ce qui fait bien augurer de sa santé physique et morale.

Papa est toujours le philosophe qui voit la vie en rose. C'est ma meilleure "bonne d'enfants" pour Françoise. Il a les préférences de mon rejeton qui renie de grand cœur sa mère. Figure-toi d'ailleurs que Françoise ne connaît pas sa maman ! Faute sans doute du papa pour la lui désigner sans cesse, elle est déroutée… On ne m'appelle ici que Paula, naturellement. Et quand moi je lui apprends, en me désignant : "Voilà maman", si tu lui demandes alors : "Où est maman ?", elle se frappe le ventre avec conviction, comme je le faisais pour me présenter à elle.

L'heure approche d'aller rechercher ma fille place Coronmeuse. Oncle Eugène joue avec elle, avec une patience touchante. "Elle a un instinct de destruction qui me plaît", a-t-il dit dimanche. »

5.

Le plus chic type du camp

Août 1941

« Chère Jeanne,

J'ai eu l'immense joie de recevoir deux bonnes photos de mon cher exilé : il est magnifique de santé, souriant. L'air presque heureux.

La bouleversante émotion que de contempler les traits chéris, après seize mois de séparation ! »

21 novembre 1941

« Françoise a une frimousse sympathique et éveillée, à mon humble avis. Elle mange un peu de tout, mais préfère tout ce qui ne lui est pas permis !

Quoi qu'il en soit, de jour en jour j'ai plus de plaisir à cette petite présence. Heureusement que John a eu le temps – et la présence d'esprit ! – de me laisser ce vivant souvenir – et cette délicieuse petite compagnie.

Mon cher mari n'est hélas pas encore de retour. Raymond est rentré hier – parmi les malades. Élise m'a téléphoné sa joie exubérante !

Elle m’a raconté qu’à peine débarqué, son mari s’est exclamé : “John est le plus chic type du camp !” Il paraît que c’était lui qu’il fréquentait le plus, ce dont je ne me doutais guère. Quoi qu’il en soit, cela corrobore ce qui m’avait été dit de divers côtés : que John prend son aventure de la meilleure manière, et qu’il en tire tout le bien possible. Il travaille beaucoup et en même temps “se perfectionne” moralement. Il a d’ailleurs toujours eu l’art de se faire des amis.

D’espoir de retour, j’en ai bien peu. Dans sa dernière lettre, il me disait que, d’après certains indices, il en avait “encore pour de longs mois”. Mais sa vaillance me donne du courage – et je n’ai pas le loisir, d’ailleurs, de larmoyer. »

18 février 1942

« On m’a rappelé ce matin que je n’étais “que poussière”. Et ce n’était pas inutile ! J’entre en Carême avec des résolutions magnifiques. Tu te rappelles sans doute l’heureux temps de notre heureuse jeunesse commune ! Cela me met aussi un peu de cafard au cœur : quels bons souvenirs, plus joyeux qu’austères, que ceux de nos carêmes de fiancés ! Les engagements draconiens de la première semaine… et la réalité si différente, hélas ! malgré notre meilleure volonté !

Je suis sûre que John évoque aussi ces temps heureux. Tu demandes de ses nouvelles. Ses lettres parlent de lui le moins possible. Santé toujours excellente en tout cas. Mais un peu de mélancolie perce.

Il vient de recevoir des “Polyfoto” de Françoise, et me dit la torture de ne pas pouvoir entendre parler et voir s’agiter la petite image.

Paula »

6.

Le retour de John

Maman nous racontait l'histoire d'une amie liégeoise, « veuve de guerre » comme elle.

À l'annonce du retour prochain de son mari, libéré d'un *oflag* en Allemagne, cette jeune femme avait manigancé un premier rendez-vous secret avec lui. L'homme devait arriver à Liège par un train venu de Cologne. Son épouse l'attendrait sur un quai de la gare précédente, celle de Verviers. Elle avait réservé une chambre dans l'hôtel d'en face. De sorte que le premier jour, après une si longue séparation, elle aurait son cher mari pour elle toute seule.

« Je comprends bien mon amie ! » concluait maman, avec un brin d'envie.

Le retour de John à Liège, le 23 avril 1942, fut plus classique.

Je connais les lieux : la vieille place Saint-Barthélemy, dominée par les deux tours de la collégiale. Je peux fort bien imaginer la scène. La voici, vue de loin… Un homme sonne au numéro 6. La porte cochère s'ouvre. J'aperçois une petite fille sur le seuil. Je sais ce que l'homme et l'enfant se disent. Ma sœur Françoise en a gardé le souvenir.

«J'habitais avec maman place Saint-Barthélemy, m'a-t-elle raconté. J'étais le seul enfant de la maison, le point de mire, la petite princesse… En fait, une gamine très mal élevée !

Maman écrivait sans cesse à papa pour le tenir au courant de mes progrès. J'étais un bébé de deux mois quand il avait été fait prisonnier.

Chaque fois qu'un visiteur se présentait à la maison, je le prenais par la main et le conduisais jusqu'à une photo affichée dans le salon. Je lui disais : "C'est mon petit papa."

Un jour, on a sonné à la porte. C'était un monsieur que je ne connaissais pas. Je l'ai pris par la main pour lui montrer mon petit papa. Il a souri : "Mais c'est moi, ton petit papa !"

Je n'en croyais rien. Je ne faisais pas le lien entre l'homme et la photo. Et quand il s'est installé à côté de maman sur le divan, jalouse, je me suis assise entre eux deux. Je l'ai même griffé au visage ! »

La fillette aux grands yeux marron s'apprivoise un peu. On fait fête à John. Paula a déjà préparé leurs valises. Ils seront conduits dès le lendemain, dans la camionnette de la Maison Michels, jusqu'à leur appartement de jeunes mariés, au quai Saint-Léonard. Françoise daigne monter sur les genoux de son papa.

Paula reprend possession de son cher logis, avec vue sur le fleuve. Elle y a mis des fleurs pour John.

Elle retrouve le petit scriban, son meuble préféré. Il est fait pour l'écriture (le nom vient du latin *scribere*). Elle a accroché au-dessus un portrait de saint Thomas d'Aquin, patron des philosophes.

Et la plume de Paula s'envole…

30 avril 1942

« Jeanneke chérie,

C'est la plus heureuse femme de la terre qui t'écrit ici – et te remercie pour ta si gentille lettre.

John est en santé resplendissante – humeur en rien altérée – et immense satisfaction d'avoir été miraculeusement dispensé des "engagements". S'en tirer avec les "félicitations" de l'ennemi, c'est un résultat, n'est-il pas vrai ?

Françoise est encore un peu sur la défensive ! Elle nous observe sans cesse et se raccroche à moi avec plus de débordements qu'auparavant !

Nous avons réintégré le cher petit home, tout fleuri.

Jusqu'ici nous ne nous appartenons guère : John veut en terminer avec les nombreuses visites nécessaires ; cela n'est d'ailleurs pas toujours drôle.

Je suis dans une situation bizarre vis-à-vis de mes consœurs anciennes, mais elles se sont toutes montrées charmantes. "Sacrée Paula !" a dit, paraît-il, Georgette de G.

Lundi, grand souper ici en l'honneur des Halkin et de Guy Delrée. Et puis, nous prendrons nos quartiers de printemps. Nous sommes étourdis par le grand bonheur qui nous arrive, et dépasse encore toutes les prévisions. Le soleil illumine tout, ce qui ne gâte rien.

À bientôt. Merci pour les tickets de lait.

Bien affectueusement.

Paula »

« John a été libéré avec les félicitations de l'ennemi ».

Que voulait dire Paula ?

Le commandant de *l'oflag* VIII C à Juliusburg avait mis des conditions écrites à sa libération. Mon père devait s'engager à ne pas reprendre les armes contre le Troisième Reich.

John avait refusé tout net… Lui qui ne savait pas dire non, ni à ses enfants ni aux capitaines de ses chalands.

Par miracle, son interlocuteur allemand était un officier chevaleresque. À la manière d'Éric von Stroheim dans *La Grande Illusion,* il a fait claquer ses talons. Il a dit :

« Je comprends votre position, lieutenant. Je vous félicite. Vous pouvez rentrer en Belgique. »

La vie est parfois aussi belle que le cinéma.

L'entrevue s'est déroulée en présence du commandant belge du camp VIII C.

Le 22 avril 1942, John a quitté l'*oflag*, emportant son paquetage et tournant une page importante de sa vie. En guise d'au revoir, ses compagnons de captivité agitent aux fenêtres, non pas des mouchoirs de poche, mais des draps de lit. L'amitié, dans les camps, ne se mesure pas.

Ces blancheurs qui frémissent sur la façade des baraquements bouleversent mon père.

Rentré à Liège, il reprend ses activités d'armateur fluvial.

3 juin 1942

« Chère Jeanne,

Je croyais avoir vécu mon plus beau jour le 23 avril. Et je m'étais bien trompée ! Chaque journée est meilleure que la précédente. Notre entente est de plus en plus complète : il y avait malgré tout des adaptations à faire. Et puis, Françoise est maintenant définitivement conquise par un papa d'ailleurs idéal.

John est allé souper avec mammy qu'il n'avait pas vue ces deux derniers jours. Ce qui me procure de bons loisirs épistolaires. J'ai installé mon scriban (jusqu'ici le bureau de John me servait toujours) et j'y suis joliment bien à l'aise. Un petit jazz comme toile de fond, et tu peux contempler en esprit quelqu'un de comblé.

Nous continuons à recevoir beaucoup. Nous avons bien soigné nos invités ; imprévoyance pour l'avenir peut-être, mais je me dis ceci, en lisant ces sacrées affiches priant les officiers de se présenter au commissariat : "Si jamais John m'était repris, je serais trop fâchée de ne pas l'avoir gâté à tout casser."

Comment vont les marchés chez vous ? Les fruits sont cachés, et on doit faire des détours pour en obtenir. Les fraises sont à 40 francs, ce qui est une honte, et surtout une ruine, quand on les aime ! On doit s'inscrire pour les cerises : 10,50 francs le kilo. »

John vient de s'enrôler dans l'Armée Secrète.
17 octobre 1942

« Sais-tu qu'Albert De Witt a été arrêté ? Maman, accourue à la Gestapo, a reçu la stupéfiante réponse que, surveillé depuis un an, son cas était très grave. Les détails ne sont pas de mise ici. Désolation dans sa famille. Et surcroît de besogne pour John : Albert était un peu la "demoiselle de magasin" du bureau. Maintenant c'est John qui doit, en sus de ses affaires personnelles, recevoir les bateliers, faire leurs comptes, etc. Nous passons nos soirées à faire des additions. »

Une seconde naissance est attendue.
17 décembre 1942

« Maman commence déjà ses grands nettoyages en prévision de l'événement : tu te rends compte !

J'aime bien ton assurance quant au sexe du prétendu prétendant ! Tu devrais au contraire opiner dans l'autre sens, afin de m'éviter une désillusion d'ailleurs prévue ! Enfin l'intention est gentille – et qui vivra verra !

La question prénom est bien litigieuse. Évidemment, je n'insiste pas sur notre *Jean-Paul*, inaltérable. Mais débats infinis sur le choix d'un prénom de fille : mammy aime *Claire*, dont je ne raffole pas. Le prénom *Anne* est presque définitivement abandonné, parce que, si c'est très joli en écriture, c'est peu sonore à prononcer et trop semblable à l'âne !

Vous avez eu en tout cas le cran de choisir sans vous en référer à d'autres personnes ! Mammy a beaucoup à dire en ce domaine, et je n'oserais jamais aller à l'encontre de ses désirs, d'ailleurs raisonnables.

Que penses-tu de *Geneviève* ? Mammy l'admet, mais non son diminutif courant : *Ginette*. J'aime assez *Chantal* – mais n'est-ce pas un peu poire ?

John ne se prononce pas sur cette grave question : il dit que les prénoms ne lui disent quelque chose que lorsqu'ils évoquent quelqu'un de sympathique. Dès lors, il ne sourit qu'à la proposition de… *Simonne* ! Enfin, passons. Donne-moi ton avis précieux, je t'en prie.

R.S.V.P. et à bientôt !

Paula »

Un jour, en l'absence de John, Paula reçoit la visite de son plus jeune frère, Pierrot (15 ans), dans son appartement du quai Saint-Léonard. Un convoi militaire allemand passe le long de la Meuse. Pierrot, du haut de la loggia, brandit un appareil photo… Par jeu. Il n'y a même pas de pellicule dans la boîte.

Un soldat lève la tête, aperçoit Pierrot. Un espion ? Un jeune terroriste ? On l'embarque.

Affolée, Paula appelle sa maman. Et toutes deux se rendent à la *Kommandantur*, place Saint-Lambert. Maria Plein se présente à un officier et se fend d'un *Heil Hitler !* Le seul *Heil Hitler* de sa vie, sans doute. Tirer son fils Pierrot des griffes de la Gestapo valait bien ça.

7.

Une mystérieuse visite

Dans la famille Halkin, les naissances se sont succédé : Marie-Jeanne, Vincent, Françoise, Pierre, Hubert et Lucie.

Denise et Léon continuent de rencontrer très souvent Paula et John.

Le professeur d'histoire a un grand secret : son action dans la Résistance. Il appartient au *Service Socrate*. Mandaté par Londres, ce groupe assure la distribution d'argent en faveur des ouvriers réfractaires au Service du travail obligatoire en Allemagne (le S.T.O., tant redouté des jeunes Belges et Français).

Le professeur m'a raconté son premier contact avec ce réseau. Un jour, il voit arriver dans sa maison de Tilff un homme qu'il ne connaît pas et qui lui dit : *Je m'appelle Hector.*

« C'était un peu court. On ne s'appelle pas Hector ! Je suis étonné, mais enfin je ne bronche pas. Qu'attend-il de moi ?

Hector me dit qu'il vient de la part de mon cousin Demany. (C'est celui qui a été ministre communiste de la Résistance, un très gentil garçon, pas violent du tout.) Il voudrait que je fasse de la résistance avec lui.

J'ai trouvé que ça manquait de prudence. On n'envoie pas quelqu'un comme ça, sans aucune garantie. Enfin, j'ai passé outre…

Hector s'est expliqué :

"Nous sommes très inquiets du sort des ouvriers que les Allemands veulent envoyer en Allemagne. Nous voudrions bien que, réfractaires au travail obligatoire, et se cachant des autorités d'occupation, ils puissent être soutenus et, il faut bien le dire, entretenus surtout. Accepteriez-vous d'être l'organisateur de cela pour la province de Liège ? Vous auriez deux aides, un pour les ouvriers catholiques du syndicat, un autre pour les socialistes."

J'ai accepté ce rôle bizarre et je ne l'ai pas regretté. Je recevais, par des voies mystérieuses, l'argent – de gros paquets de billets de mille francs. Et je les donnais à chacun.

— Quelqu'un, dans votre famille, était-il au courant de vos activités ?

— Oui, mon frère François, le jésuite.

— Et votre épouse aussi ?

— Non.

— Elle ne le savait pas ?

— Elle se doutait de quelque chose. Mais je ne lui ai pas dit. Et j'en suis heureux. Parce que, si jamais elle était arrêtée, elle pourrait ne rien dire.

Je me rappelle certaines scènes assez drôles. Ainsi, j'ai vu un jour en ville une femme immense, et je sais qui c'est maintenant. Elle m'a dit : "Bonjour professeur". Elle m'a glissé un paquet dans la main. C'était un de leurs messagers. Mais je trouve que c'est une erreur de prendre des messagers de deux mètres, trop faciles à repérer ! La Résistance belge a été imprudente, oh ! très imprudente.

Pour ma part, je n'avais pas de doute quant à l'issue de la guerre. J'étais persuadé que les Anglais remporteraient la victoire. En ce temps-là, c'était l'Angleterre, ce n'était pas les États-Unis – dont on parlait le plus. Et l'on pouvait compter sur Churchill. Je l'avais entendu à la radio. Un type courageux et fort.

Je n'ai compris qu'après la guerre certaines erreurs de la Résistance. Par exemple, dans les villages d'Ardenne, un soldat allemand isolé est abattu… C'est idiot ! Qu'est-ce que ça peut faire, un soldat isolé ? Alors, en représailles, on prenait dix personnes dans ce village. On en tuait trois… Quelle bêtise !

— Vous étiez conscient des risques auxquels vous exposait votre rôle dans le *Réseau Socrate* ?

— Non, pas bien, non. Pas à ce point-là. Je faisais cela avec plaisir. Le travail n'était pas difficile. Ils voulaient un homme sûr, au point de vue moral et au point de vue patriotisme. Un homme qui n'aurait pas envie de prendre l'argent. Ils voulaient un intermédiaire sûr. Il paraît que j'étais comme ça.

On a travaillé très bien, très agréablement, pendant plusieurs mois... Jusqu'au moment où il s'est passé quelque chose... Je ne l'ai su que plus tard.»

Le professeur ferme les yeux. Il garde le silence.

«Que s'est-il passé ?

— Je vais vous le dire, Bernard. Un des inspecteurs de notre groupe était venu me voir. Il m'a demandé comment ça allait, etc. Encore une fois sans aucune présentation. C'est toujours dangereux...

Ce garçon était un communiste d'Anvers et il n'avait pas de domicile fixe. C'est très dangereux, ça ! Il aimait bien les cafés. Et, dans un café de Bruxelles, il avait été arrêté par les Allemands. "Vos papiers..." Il n'avait pas de papiers !

C'est idiot, cette histoire. Stupide ! Et les résultats ont été terribles. On lui a dit : "Venez avec nous. Où logez-vous ?"

Il a bien dû montrer son logement provisoire. Et les Allemands ont trouvé sur son bureau une belle lettre, pas finie, adressée à Hubert Pierlot – le Premier ministre du gouvernement belge exilé à Londres – lui expliquant tout ce qu'il avait organisé et donnant les noms de tous les responsables provinciaux.

Nous avons tous été arrêtés le lendemain.

Cette lettre est stupide, avec tous les noms des gens... Et quand on est un communiste vagabond, il ne faut pas donner prise à des critiques des Allemands. Ce type voulait se faire valoir auprès du gouvernement de Londres. Oui, et il a été emmené à Breendonk en même temps que moi. Je l'y ai vu deux ou trois jours après. Et je l'ai retrouvé en Allemagne, où il est mort d'ailleurs. Ce qui est peut-être mieux. Je me disais souvent, en Allemagne : son nom sera peut-être sur les monuments aux morts. Je ne suis jamais allé voir. »

8.

Vivre au présent

9 septembre 1943

« Ma chère Jeannot,

C'est tout naturellement au moment de m'installer au scriban en ton honneur que je honnis cette idée biscornue que tu eus de nous lâcher en faveur de Louvain ! Enfin, le mal est fait – et il me faut me résigner à m'étendre sur ce blanc papier (qualité avant-guerre).

Il est vrai qu'il fait si délicieux à la loggia en ce bel après-midi ensoleillé, que c'est une fête de s'y préparer en la compagnie spirituelle et la plus spirituelle compagnie de la plus aimée et blonde des sœurs.

Ce qui est triste et bizarre, c'est que lorsque je mijote l'envie de t'écrire et cela dure parfois des semaines – à chaque propos, je me dis : "Ça, il faut que je le raconte à ma coquine de Louvaniste !" – et une fois bien installée *ad hoc*, mon vert encrier semble aspirer en lui toutes mes belles idées.

Pour en revenir à nos moutons, ce que nous avons perdu en libre disposition de nous-mêmes, ne trouves-tu pas que nous le regagnons surabondamment en bonheur, en harmonie intérieure, en richesse ? Nous avons atteint maintenant la plénitude de notre vie, et elle ne cessera, si nous y sommes attentives, de s'élargir et de s'approfondir.

Nous sommes dans la période du "présent". Jeunes filles, tout notre être était orienté vers l'avenir (tu te souviens de nos interminables bavardages sur le "bonheur" et ses possibilités ?), vers un objet incertain et relativement inconnu.

Nous étions déjà parmi ce qui viendrait, ce qui nous serait donné. De même, ceux qui nous ont précédées dans la vie, les vieillards, s'échappent de leur condition actuelle, pour s'en retourner, par leurs souvenirs, vers l'autrefois.

Mais nous, maintenant que le destin vers lequel nous étions toutes tendues a découvert son visage, nous vivons aujourd'hui, heure par heure, fixées solidement dans le réel – et nous ne désirons rien d'autre que ce que nous serrons contre notre cœur.

Quelle joie, alors, de constater que notre vie actuelle est exactement telle que nous l'avons rêvée, en notre idéalisme, enfantin peut-être, mais si "élevant" !

Quel bonheur de constater que la réalité est encore plus belle que son espérance préalable – que nous ne nous sommes pas trompées. Et dès lors, quelle action de grâces vibre en nous !

Rrrrr, rrr, j'entends bien, Jeannot ronfle ! Dors bien, petite sœur, auprès du plus vigilant des époux, encadrée des petits lits où reposent vos espoirs. Johnny me rappelle au matériel. Il est six heures et il a faim.

Mon plus cordial souvenir à tous.

Paula »

21 novembre 1943

« Tu connais sans doute par notre "téléphonophile" mère les dernières nouvelles – en commençant par la plus pénible : Léon-Ernest Halkin a été arrêté mercredi par la Gestapo de Bruxelles. Tu imagines l'angoisse de Denise, si isolée à Tilff avec les six petits enfants. C'est un événement qui nous bouleverse fort, car il nous touche de bien près. »

9.

« Enlevez vos lunettes ! »

Le professeur Halkin m'a fait le récit de cette journée terrible.

« Le 17 novembre 1943, à cinq heures et demie du matin, on frappe brutalement à la porte de mon domicile, à Tilff. J'ouvre la fenêtre de la chambre et j'entends : "Police allemande ! Ouvrez tout de suite !"

J'ai compris. Je suis descendu, j'ai ouvert la porte. Ils m'ont fouillé, pour voir si je n'avais pas d'arme. J'étais en pyjama. Je n'étais pas très dangereux. Ils m'ont dit : entrons. Je les ai fait entrer dans mon bureau, qui était au rez-de-chaussée. Alors ils m'ont interrogé assez brutalement sur mes activités dans la Résistance.

"Connaissez-vous Christiaens ?"

Or, je ne le connaissais pas. C'était le vrai nom de mon dénonciateur. Je ne le connaissais que sous un pseudonyme.

"Où est l'argent ?" Je dis : "Je ne reçois pas d'argent". Ils étaient un peu embarrassés. J'avais une bibliothèque considérable. Ça ne leur disait rien d'inspecter partout. Il y en avait un qui avait l'air beaucoup plus doué que les autres et parlant très bien le français. Il a beaucoup chipoté dans mon fichier. Il n'a rien trouvé, naturellement. Mais dans un livre, en effet – je vois encore la place, dans la bibliothèque – je mettais l'argent que je recevais, emballé dans une couverture. J'avais encore 300 000 francs, je crois.

— Qui se trouvaient dans un livre de votre bibliothèque, mais qu'ils n'ont pas trouvés.

— Ils n'ont pas cherché.

— C'est l'avantage d'avoir une grande bibliothèque…

— Certainement. Ils ont été découragés ! Le chef des gestapistes m'a dit :

"Vous connaissez Breendonk ? – Non. – Eh bien, vous y serez ce soir. On va vous y conduire."

Je me suis habillé. J'ai réussi à donner à ma femme ma montre et j'ai pu dire au revoir aux enfants. Je dis à ma fille aînée, Marie-Jeanne : "Je vais en prison."

"Oh ! me dit-elle, est-ce qu'il y a une grosse clé ?"

(Vous savez, c'est une image de livre pour enfants.)

Je lui réponds : "Je ne sais pas, je n'ai pas encore vu."

Hubert, le plus petit de mes garçons, avait fait, la veille de mon arrestation, une caricature d'Hitler pendu. Il l'avait accrochée au mur. Cela me gênait beaucoup et ma femme aussi. Et alors il trottait dans la maison. À un moment donné, il dit tout bas à sa mère, qui était à la cuisine : “Hitler pendu, il est sous le buffet.”

— C’était très malin. Quel âge avait-il ?

— Sept ans. Ma femme est allée ramasser des papiers à droite et à gauche, et celui-là aussi elle l’a mis dans le feu et le tour était joué. C’était bien joué. Bonne note ! Cette histoire, ma femme me l’a racontée dix-huit mois plus tard, à mon retour. Quant à Pierre, il a eu un bon mot. Deux ou trois jours après, il dit à sa mère : “Tu sais, maman, maintenant que papa a été arrêté, nous aurons le secours d’hiver.” En effet, on l’a eu. Enfin, ma femme s’en serait bien passée ! Pour lui, c’était agréable. Pierre voyait toujours le bon côté des choses…

Derniers baisers à ma femme et à mes enfants, testament furtif, dernières recommandations.

“Notre intérêt à nous passe avant votre vie à vous”, me dit le chef des gestapistes en me poussant dehors.

Dernier regard à ma famille.

On m’embarque dans une Traction avant. J’étais à côté d’un de ces gestapistes, qui se trouvait être un Belge.

Nous partons pour Liège. Et je vois arriver la Chartreuse et puis, après, la Citadelle. Je pensais, je dois dire, très tristement : “Est-ce que je vais être fusillé dans l’une ou l’autre de ces citadelles ?”

Et puis on arrive au boulevard d’Avroy. Je vois la statue de Charlemagne. On s’arrête un peu plus loin. C’était la maison de la Gestapo. Je ne le savais pas.

On me conduit dans une grande pièce. On me pose encore d'autres questions, très désagréables et très dures.

À un moment donné, mon interrogateur me dit :

"Enlevez vos lunettes !"

Pourquoi me demande-t-il cela ? Je les enlève. Et c'était pour me donner des coups dans la figure. Il avait peur de casser les lunettes et de se blesser aux verres.

Après plusieurs interrogatoires assez musclés, ils m'ont laissé seul, avec des menottes à la fois aux chevilles et aux mains. J'étais donc penché en avant, appuyé à un mur. Chose curieuse, absolument imprévue pour moi, j'ai dormi. J'ai dormi debout, si l'on peut dire. Et quand ils sont venus me reprendre, j'ai vu qu'il y avait en dessous de ma tête une petite flaque de transpiration.

Je me suis relevé.

On ne m'a rien donné à manger, naturellement.

Mon interrogateur a dit, en me regardant dans les yeux : "Eh bien ! On va à Breendonk."

Je n'ai rien manifesté. Non pas par courage. Mais parce que je n'y croyais pas.

Je voulais des preuves. J'ai été servi.

Je me suis retrouvé dans la voiture de la Gestapo.

Nous sommes allés du côté d'Anvers, par un soleil timide. Mais la vie était bien belle quand même. »

« Breendonk, c'est un ancien fort de la ceinture d'Anvers, désaffecté depuis longtemps, qui avait servi à l'armée belge. Les Allemands en avaient pris possession, c'était tout naturel, et ils en avaient fait un camp de prisonniers, très bien organisé. Pas un grand camp. Nous n'étions que 500, ce qui est très peu, à côté des grands camps qui avaient en général 20 000 habitants.

Je descends de la Traction avant, toujours attaché à mon gardien.

Nous passons dans une espèce de couloir, très éclairé, qui était l'entrée du camp. Et là nous avons été reçus par un officier allemand qui était le commandant du camp. Je n'ai jamais su son nom. Un homme très brutal, mais ce jour-là il ne m'a pas touché.

Et ce qui m'a choqué, c'étaient les jeunes gens qui étaient le nez au mur, qui attendaient leur sort. J'en ai entendu l'un ou l'autre dire : "Non, je vous ai dit tout ce que je savais…" Enfin, des choses pénibles, pénibles. Ils avaient été interrogés et tabassés. Ils ne voulaient pas recommencer.

On m'a fait entrer dans une grande pièce où l'on m'a habillé, ainsi que d'autres, c'est-à-dire qu'on m'a enlevé tous mes vêtements et on m'a donné un costume militaire d'avant 1914.

Alors, en me déshabillant, un des Allemands de Breendonk me dit :

"Oh ! Qu'est-ce que vous avez ?"

Il regarde mon dos.

"J'ai été battu. – Où ça ? – À Liège. – Oh !"

Il était plein d'admiration pour la Gestapo de Liège où l'on tapait bien, là, au moins.

On m'a conduit alors, brutalement, devant la *Stube sechs*, la salle six. On m'a ouvert la porte. On m'a jeté dedans. On a refermé la porte à clé.

Je me suis trouvé devant une quarantaine d'hommes, la plupart jeunes, comme moi (j'avais 34 ans).

La question que l'on m'a posée d'abord, c'est celle-ci :

"Avez-vous entendu les nouvelles de Londres ?

— Oui, je les ai entendues hier. Et ce qui m'a le plus frappé, c'est que j'ai appris que Staline remerciait Roosevelt de l'aide accordée à la Russie."

Alors je vois les visages changer, s'allonger.

C'étaient des communistes. Ils ne pouvaient pas admettre que la Russie eût besoin de l'Amérique. Impossible ! Ce n'était pas dans leur religion.

Ils m'ont reçu gentiment. Ils se sont révélés de bons camarades. C'étaient des communistes, non pas repentis, certainement pas, mais ils n'étaient plus en activité des mauvais coups, des attentats. Ils étaient devenus très humains. J'ai eu beaucoup de plaisir à les voir.

Tous étaient des résistants, à des moments divers et dans des lieux divers. Et tous étaient habillés comme moi. Ensuite vient l'heure de souper. On me donne un lit superposé.

Alors je me dis : "Je ne dormirai jamais après cette journée terrible."

Et j'ai dormi quand même.

C'est la journée la plus dure de ma vie, au fond.

Parce que c'est une journée où je ne voyais rien venir, où j'étais maltraité, où je me disais : "Je serai fusillé ce soir." J'étais vraiment à bout de nerfs. Et malgré tout ça, j'ai dormi. »

10.

« Connaissez-vous Renard ? »

« Le lendemain de mon arrivée à Breendonk, j'ai partagé la vie des autres : en rang, et puis inspection du lit, inspection des hommes.

C'est quelques jours plus tard que l'on m'a dit : 2470 (c'est moi, ça) doit être interrogé. Ah bon !

Un Allemand est venu me chercher. Il m'a tendu une cagoule. Je suis parti, d'un pas lourd, là-bas. Et j'ai été reçu par des Allemands que je ne connaissais pas, pas du tout ceux de Liège. Et j'ai eu des interrogatoires particulièrement désagréables, mais enfin, j'ai réussi à dire : "Je ne connais pas, je ne connais pas…"

Ils me demandaient : "Connaissez-vous Untel, Untel ?"

Je disais : Je ne connais pas, je ne connais pas…"

Le problème le plus curieux a été pour Renard.

Ils m'ont dit : "Est-ce que vous connaissez Renard ?"

Il s'agissait d'André Renard, quelqu'un de mon camp. Cet homme a eu un rôle considérable dans la politique, après la guerre.

Je leur ai répondu :

“Renard ? Je ne connais pas de Renard ! Et puis, il y en a tellement !”

Alors, l’autre a éclaté. Il a dit : “Oui, je sais bien, c’est le livre de téléphone des Renard à Liège. Il y en a des quantités. Comment s’appelle-t-il ? Son prénom ?

— Je ne sais pas.”

J’avais, non pas gagné la partie, mais tout de même j’étais content de moi. Alors on m’a ramené, très endolori, dans la chambre où les camarades étaient très affectueux.

J’avais été très maltraité. Ils étaient très délicats, quels qu’ils fussent. Très gentils.

J’ai été interrogé plusieurs jours de suite.

Il y avait là une secrétaire de la Gestapo. Ce qui faisait peine à voir : c’était une fille de chez nous ; elle parlait le français, mais on sentait bien que c’était une bonne Flamande.

Et alors, pendant que son patron va chercher des cigarettes ou autre chose, elle me dit, presque confidentiellement : “Parlez ! Il vous fera parler. Ce n’est pas la peine de résister.”

J’ai trouvé ça assez ignoble, ça m’a choqué. Je me suis dit : non, elle n’aura pas ce plaisir.

Ça m’a horriblement gêné de voir une Belge dans ce rôle. D’ailleurs, à Liège aussi, à la Gestapo, il y avait des Belges qui venaient “au rapport”. Et ça, c’était pénible, pénible…

Le dernier jour, je me disais (je me rappelle très bien ça) : "J'ai tenu bon jusqu'ici, est-ce que demain je tiendrai encore ?"

Il n'y a pas eu de lendemain.

Parce qu'ils avaient fini leur métier, ils avaient bouclé leur dossier.

Alors on nous a envoyés à la prison bruxelloise de Saint-Gilles. Nous, c'est-à-dire tous ceux de "la bande Socrate".

Nous nous sommes retrouvés devant un guichet. On nous a rendu nos vêtements. J'ai eu l'imprudence de dire qu'il manquait quelque chose. J'ai reçu un bon coup de poing dans la figure. Et là, mes lunettes se sont cassées. Et nous sommes partis, escortés par des S.S. hongrois, dans une espèce de grand camion.

Au total, Breendonk a été le camp le plus dur, à cause de ces interrogatoires. Chaque jour, j'attendais l'interrogatoire suivant.

Et puis les brimades systématiques. Je me rappelle un jour où un S.S. belge… Il avait jeté un verre par terre. Alors il en a jeté un second. Il a dit : "Mettez-vous tous à plat ventre". Il nous a fait faire des exercices pour nous mettre les mains dans le verre. J'ai réussi à y échapper, je dois dire.

C'était effrayant de méchanceté. Et de la part d'un compatriote… Il a été fusillé, mais enfin ça n'arrange rien. »

11.

Liège et Louvain sous les bombes

En prévision du Débarquement, les Alliés intensifient les bombardements des ponts, des nœuds ferroviaires, dans les territoires occupés par les Allemands.

Les Américains, avec leurs forteresses volantes B17, par exemple, effectuent les bombardements le jour, en restant à très haute altitude, grâce à un système de pointage secret et très performant.

Les Lancaster de la R.A.F. ne peuvent pas voler si haut. Les Anglais choisissent de bombarder pendant la nuit. Ils sont alors moins vulnérables.

Lundi 15 mai 1944

« En hâte !

Bien chers Jeanne et Joseph,

Avec quel soulagement avons-nous reçu votre lettre nous rassurant sur votre sort ! Nous imaginons qu'il y a encore beaucoup de choses que vous taisez, car ce dut être affreux là-bas.

Les nouvelles nous parviennent au compte-gouttes. Qu'il est triste d'être séparés ! Ici, tout va bien. Les angoisses de la semaine dernière (surtout vendredi) se sont un peu estompées, mais Liège en a vu de rudes.

Tu auras eu écho du sort échu à la maison de M. Feys. Il s'en est fallu de peu que leurs propriétaires le partagent, car la camionnette Studebaker, contenant Mme Feys, John, Pierrot, M. Feys et un chargement de valises, n'avait quitté les lieux que de dix minutes lorsqu'une bombe détruisit le numéro 12, si sympathique. Il n'en reste plus qu'un amas de décombres.

M. Feys dîne ici aujourd'hui. Il a encaissé le coup avec presque de la "joie", tant il triomphait d'avoir échappé de si peu à la mort.

Nous n'envisageons pas de quitter Liège, car notre maison est relativement bien située : maman ne peut supporter cette idée ! Personnellement, tant que John est là, j'envisage avec philosophie les pires choses. On a vu évidemment qu'à Louvain, il n'y avait pas de logique dans les attaques des bombardiers. Mais une maison abandonnée est aussitôt réquisitionnée. »

Mercredi 17 mai 1944

« Mes chers frère, sœur et neveux,

Encore une de ces épistoles que je sème à tous vents dans l'espoir de vous atteindre une fois ou l'autre.

Maintenant, je suis chargée d'insister auprès de vous de la part de tout le monde ici. Maman ne dort plus d'inquiétude à votre sujet – et veut absolument vous avoir auprès d'elle. La maison est grande, l'abri est sérieusement contrôlé, et toutes les chances sont mises humainement de notre côté d'échapper au désastre.

Dès lors, ne vous écrasez pas dans les deux chambres que Joseph nous décrit, et arrivez-nous en famille compléter le bloc déjà important que nous constituons ici. La camionnette viendra vous prendre quand et où vous voudrez et de la sorte vous pourrez avoir avec vous le plus possible de choses qui vous sont chères.

Toutes les maisons de ce quartier sont abandonnées. On s'attend sans doute à la reprise des hostilités, puisque le fameux pont du Val-Benoît, tant visé et tant raté, est remis en ordre de marche, si je puis ainsi parler.

Personnellement, je vois les choses se dérouler avec un flegme entier – peut-être parce que je n'ai pas encore tâté le danger de bien près.

Mais maman est hors d'elle en l'occurrence.

Pierrot collabore aux travaux de la Croix-Rouge, et y fait d'ailleurs merveille. On le sonne dès que le bombardement a pris fin, et il s'embarque immédiatement dans la camionnette.

C'est ainsi que nous sommes chaque fois informés en détail sur les résultats de la "chose anglaise".

Maman dit aussi que tu ne craignes pas de la fatiguer. Le service se simplifie – "à la guerre comme à la guerre" – et l'on passe sur beaucoup de détails jadis sacro-saints.

M. Feys est passé par ici cet après-midi. Il dispose du gros vélo de Maurice à qui ce sport est interdit et se déclare soulagé de bien des soucis par la disparition de sa maison : plus de portes qui ne ferment plus ni de fuites de gaz ! C'est vous dire sa philosophie optimiste. »

12.

« Pauvre madame ! »

Les lettres qui m'importent, j'ai coutume de les classer dans l'un ou l'autre livre précieux de ma bibliothèque, dont je connais la place immuable.

La nuit dernière, dans un moment d'insomnie, j'ai ouvert *Érasme parmi nous*, la grande biographie publiée par Léon Halkin en 1987 chez Fayard. Et j'ai eu l'heureuse surprise d'y retrouver, glissée entre deux pages, une petite lettre que je croyais perdue.

Le 23 juillet 1944, Denise Halkin, l'épouse du professeur, écrivit à Maria Plein, ma grand-mère maternelle :

« Chère Madame,

J'ai recours encore une fois à votre affectueuse obligeance. Vous savez que Léon a quitté la prison de Saint-Gilles le 6 mai et que je ne sais absolument rien de lui depuis. J'ai écrit à tout hasard une lettre en Hollande (camp de Vught). Mon beau-frère François me suggère d'écrire quelques mots à Weimar : *"Herrn Dr. Léon Halkin, , Universitätts professor, geb. 11/5/1906. Konzentrationslager, Weimar-Buchenwald."* Aussi je vous serai reconnaissante de bien vouloir traduire en allemand les quelques lignes ci-jointes, tapées ou non à la machine, que vous enverrez directement si vous le voulez bien. J'ai signé en blanc d'avance une troisième carte. Je vous envoie mes plus vifs remerciements et une petite photo pour vous de mes deux grands communiants. Je dois une lettre à Paula. Cela viendra… Veuillez recevoir l'expression de ma très respectueuse amitié.

Denise Halkin »

En 1985, interviewant le professeur Halkin dans son bureau, rue du Péry, je lui avais demandé :

« Votre famille a-t-elle eu des nouvelles de vous pendant votre captivité ?

— Une seule fois, quand j'étais dans la prison de Saint-Gilles, m'avait-il répondu. On parle toujours du problème des prisons surpeuplées. Avec raison. Mais les prisons surpeuplées, c'est bien pratique en temps de guerre. Ça permet de voir arriver, un beau jour, un garçon qui vient d'être arrêté et qui sait tout.

J'ai vu arriver comme ça, en 1944, un avocat bruxellois. C'était un très bon patriote, très intelligent. Il nous a fait dans notre cellule un véritable cours sur l'histoire de la guerre depuis les six mois que nous avons perdus. Et ça m'a été extrêmement précieux. Quand il a été libéré, il a apporté à ma famille des nouvelles. Ma femme a pu me faire parvenir là-bas des lunettes, pour remplacer celles qu'un gardien de Breendonk avait cassées d'un coup de poing le jour de mon départ pour Saint-Gilles.

En juin, ma femme est allée avec mon frère François à la *Kommandantur* de Bruxelles. Le préposé allemand, très gentil au fond, a pris ses fiches et a dit : "Pauvre madame ! Il n'est plus là. Il a quitté Saint-Gilles le 6 mai 1944". Denise n'a jamais su pour quelle destination. Jamais.

— Le système Nuit et Brouillard…

— Oui. D'après le décret du maréchal Keitel du 7 décembre 1941, les prisonniers *Nacht und Nebel* étaient notés, mais ne portaient pas d'insigne. Ils étaient envoyés en Allemagne sans être jugés. Ils ne seraient pas jugés là-bas. Ils disparaîtraient. Ils n'auraient aucun contact avec leur famille.

Il y avait donc pour nous une gradation dans la misère.

Nous étions d'abord prisonniers politiques, puis N.N., et enfin prisonniers sans matricule, c'est-à-dire sans identité. À partir du moment où l'on arrache de nos vestes notre numéro, nous n'existons plus. C'est une mort civile, nous nous rendions bien compte que nous étions promis à la disparition.

C'est ce qui nous est arrivé à Dora et dans le dernier camp, Nordhausen.

Et, en fait, si nous n'avons pas été éliminés, c'est que le bombardement américain de Nordhausen nous a délivrés, si j'ose dire, de nos maîtres, le 4 avril 1945, mercredi de Pâques. Et ceux qui n'ont pas été tués par le bombardement ont été libérés. C'est ça, notre histoire.

— Qu'est-ce qui vous a surtout aidé à tenir bon pendant ces dix-huit mois ?

— C'est ma foi. Ma foi religieuse... Et puis l'amitié de quelques-uns.

— Dans ces circonstances-là, l'amitié demeure ?

— Elle demeure, elle est énorme. Tous ceux que je me rappelle de l'Allemagne, ce sont des amis qui sont morts, mais ce sont des amis quand même. Et je les aime encore... Les prisonniers politiques belges, français, hollandais que j'ai connus étaient très motivés, très décidés à ne pas se laisser faire. Nous étions solidaires. Nous savions pourquoi nous étions là.

— Vous étiez servi par une santé de fer.

— Une bonne santé.

— Et par une énergie remarquable.

— Un attachement à la vie. Je voulais vivre, je voulais vivre... J'ai entendu parfois des camarades qui disaient : "Je voudrais bien mourir..." Je leur disais : "Mais non ! C'est énorme de vivre !" C'est difficile de faire comprendre ça, mais moi j'en étais persuadé. Je le suis encore, d'ailleurs. C'est peut-être pour ça que je suis si vieux ! »

13.

La mission du lieutenant John

Message pour la petite Berthe : la frondaison des arbres vous cache le vieux moulin.

Il était tant attendu, ce « message personnel » !

Diffusé le 1er juin 1944 par la radio anglaise, il annonce à l'Armée Secrète un ordre d'action pour la quinzaine suivante. Les cinq zones, dans toute la Belgique, seront mises sur le pied de guerre. Le poste de commandement de chaque zone a été fixé en un point très précis : en plein bois, dans une ferme isolée ou encore dans un château. La zone V recouvre un territoire correspondant aux provinces de Liège, Luxembourg et Namur au sud de la Meuse.

Alors John revient en secret dans les forêts de ses grandes vacances d'enfant.

Le 1er régiment de Lanciers, dont il est officier de réserve, se reconstitue dans l'ombre. Ces jeunes hommes valeureux ont hâte de reprendre avec les Allemands le combat interrompu en mai 1940. Beaucoup sont d'anciens boy-scouts. Ils garderont dans le maquis leurs totems d'adolescents. *Ours jovial*, par exemple, devient un nom de guerre. Ou bien encore : *Alouette, Marsouin, Colley, Poulet, Taupe*...

Les membres de l'Armée Secrète rallient Érezée les uns après les autres. À vélo, le plus souvent, et par des chemins détournés. Depuis le jour du Débarquement, les Allemands multiplient les contrôles sur les ponts, les routes principales.

Dès la sortie de Liège, l'itinéraire emprunte des chemins de campagne et des sentiers de forêts tout au long de la rive droite de l'Ourthe. On passe à gué l'Amblève aux environs de son confluent avec l'Ourthe. On remonte vers les plateaux de la rive gauche et l'on s'enfonce définitivement dans les grands bois de la Haute Ardenne.

Ces hommes forment l'Escadron mobile de la Zone V.

Pour la région d'Érezée, le poste de commandement de l'Escadron est fixé à Clerheid, un hameau perché sur les hauteurs, qui offre une vue très vaste sur les prairies, les grandes forêts, l'horizon bleu.

Fin août, début septembre. La fièvre monte à Liège. Des familles confectionnent en secret des drapeaux belges, américains, anglais, russes, français. On cache les vélos, pour éviter que les soldats allemands en fuite s'en emparent. Tout leur est bon pour regagner leur pays. Vélos, corbillards, charrettes tirées par des chevaux. Tout ce qui roule. Dans la cour du bâtiment de la police secrète, les gestapistes brûlent leurs dossiers.

Les Américains foncent vers Liège.

La dernière grande ville belge avant l'Allemagne est libérée en deux jours – les 7 et 8 septembre – par la Troisième Division Blindée, commandée par le général Maurice Rose et composée de deux *combat commands*. Une partie des blindés ont manœuvré au nord de la Meuse. Les autres ont évolué au sud du fleuve. La ville est prise en tenailles. Dans tous les coins de Liège, le spectacle est le même. Une manne céleste – cigarettes, bonbons, chocolats, oranges, chewing-gums – est jetée à la population du haut des tanks Sherman. Les enfants sont aux anges.

La Troisième Division Blindée progresse à travers l'Ardenne. Elle traque les unités allemandes qui se retirent vers la ligne Siegfried.

Les Alliés ont confié à l'Escadron mobile des missions de reconnaissance, de renseignement et de liaison. Il faut, en premier lieu, permettre aux Américains de franchir l'Ourthe, au sud de Liège, sans s'exposer au feu de l'ennemi.

Le 7 septembre, les pointes avancées de la Première Armée U.S. sont déjà signalées aux abords de la rive gauche de l'Ourthe. Les Américains comptent forcer le passage de la rivière dès que leur dispositif d'attaque sera à pied d'œuvre.

Les dernières unités allemandes en retraite, régiments blindés et artillerie d'accompagnement des divisions S.S. *Das Reich* et *Adolf Hitler*, sont solidement établies sur les collines de la rive droite.

Elles sont bien décidées à faire payer très cher aux Américains le franchissement de la rivière.

Dans la nuit du 8 au 9 septembre, une batterie allemande s'établit dans la vallée. Bien camouflée, elle ne sera décelable que par les flammes de départ des coups.

À Clerheid, cinq patrouilles de sept éclaireurs ont été constituées, en vue d'une opération importante et périlleuse.

Il s'agira, en pleine bataille, de traverser les lignes allemandes et de repérer les objectifs que devra viser l'artillerie alliée. Puis, à travers un *no man's land* battu par les deux feux, il faudra s'avancer vers les avant-postes américains pour fournir tous les derniers renseignements.

Le 9 septembre, à l'aube, les cinq patrouilles vont quitter, l'une après l'autre, le P.C. de Clerheid. La première est commandée par le lieutenant John. Chacune a un ordre de marche extrêmement précis : itinéraire, minutage, rendez-vous dans les bois. Les maquisards ne sont pas armés. S'ils sont interceptés, interrogés dans un village occupé par les Allemands, ils fourniront un alibi. Ils diront : « Nous sommes des ouvriers agricoles ». Pour donner le change : se munir de fourches, de râteaux.

Ce jour-là, les éclaireurs de l'Escadron mobile engagent une immense partie de cache-cache avec les Allemands. Malheur à celui qui se fera prendre !

« Quel joli temps pour notre promenade ! » s'exclame Vincent, qui, avec Denise, sa femme, me guide dans la région d'Érezée, sur les traces des maquisards de 1944.

Oui, en ce mercredi 9 mars 2022, le printemps se presse, de toutes parts.

Nous déjeunons à Érezée, à côté de l'ancien hôtel *Belle-Vue*. Et puis Denise et Vincent me conduisent à Clerheid, comme promis.

Dans la voiture qui monte vers le hameau, Denise raconte l'aventure vécue par sa maman, Renée, le 21 décembre 1944, au plus fort de la dernière grande offensive voulue par Hitler. Je l'écoute avec avidité, moi qui veux en savoir plus sur mon père combattant.

Renée était une jolie fille de dix-sept ans. Elle habitait avec ses parents le village de Werpin. Le 21 décembre, un épais brouillard recouvre les hauteurs de la vallée de l'Ourthe. Tôt le matin, Renée perçoit des grincements de chaînes, caractéristiques, du côté de l'église, dans le bas du village. Ce sont des chars ! La jeune fille ne s'en étonne pas. Les troupes américaines se manifestent depuis quelques jours. Elle a déjà vu passer des G.I.'s, si sympathiques. Elle les a acclamés.

Renée arrange un peu ses beaux cheveux bruns.

Et la jeune fille sans peur va voir ce qui se trame dans le bas du village…

Quatre tanks sont stationnés devant l'église. Renée entend parler une langue étrangère.

S'approchant d'un soldat, elle lui lance, avec entrain :

« Hello ! Où sont les Boches ? »

Pour toute réponse, une invective rageuse :

« Les Boches, c'est nous ! »

Renée n'y connaît rien. Elle confond les tanks *Sherman* et les *Panther.*

Les Allemands, qui s'apprêtaient peut-être à attaquer le village, réalisent que les Américains sont tout près d'ici.

Les chars *Panther* quittent les lieux.

Renée revient vite chez ses parents. Sa question a désarçonné les Allemands. Par sa candeur, la jolie demoiselle de Werpin a peut-être sauvé son village, ce matin-là.

Quelques jours plus tard, les chars américains seront bel et bien présents devant l'église de Werpin. Une photo les montre. Renée est à l'avant-plan. Radieuse. Il y a de quoi.

L'histoire de Renée est un petit miracle. Partout ailleurs, en Ardenne, cet hiver-là, les combats seront bien plus meurtriers que ceux de septembre, au moment de la première libération.

Le soleil me saute au visage.

Vincent a garé sa voiture à l'entrée de Clerheid. Nous marchons dans la rue principale du hameau. Les oiseaux chantent leur magnificat.

« Ce matin, j'ai vu le premier papillon jaune ! fait Denise, enjouée. J'ai vu aussi des scarabées. Tout le monde sort ! »

Je songe à papa. Quand nous étions petits, lors d'une promenade à la campagne, il nous avait donné des leçons de camouflage. Il fallait, en particulier, se noircir les mains et la peau du visage, qui, luisant dans la nuit, trahissent une présence humaine. Il nous montrait l'art de ramper dans l'herbe sans être vu. Dans les situations critiques, quand tout semble perdu, le mieux est de faire le mort.

Le lieutenant John – devenu, avec les années, le capitaine John – nous apprenait à lire les cartes d'état-major, à poser un regard d'aigle sur les grands paysages, à pousser des cris qui pouvaient être compris des oiseaux.

Vincent me montre la ferme de Clerheid qui abritait, le 9 septembre 1944, le poste de commandement de l'Escadron mobile. Cette ferme est à l'orée d'un bois. Les maquisards pouvaient y disparaître en cas de visite indésirable.

Nous contemplons la vallée. Le ciel reste tout bleu. Mais les ombres des arbres dénudés s'allongent déjà sur les prairies qui nous font face.

Et ici, je t'imagine, papa, vêtu de ta salopette claire. Le paysage que tu scrutes à travers des jumelles, c'est celui de ton enfance. Ton territoire indien. Celui que tu inventais à ta guise, avec ton frère André. Tu te sens chez toi.

Le lieutenant John se retourne vers ses hommes. Il sourit.

Le voilà au faîte de sa jeunesse. La journée qui commence sera l'une des plus exaltantes de sa vie. L'une des plus périlleuses aussi.

Les Américains arrivent. Et avec eux se lève le vent de la liberté.

John a trente-deux ans. Paula l'attend à Liège avec leurs deux jeunes enfants, Françoise et Jean-Paul, dans leur appartement du quai Saint-Léonard. Les deux grands-mères, Marthe et Maria, n'habitent pas loin. Marthe vénère Winston Churchill. Maria est née en Allemagne – une fille des forêts de l'Eifel. Il lui arrive de recevoir des officiers de la Wehrmacht, membres de sa famille, dans sa belle maison, place Saint-Barthélemy.

Et moi, je suis déjà présent, invisible, en coulisse. Fille ou garçon ? Mystère. Ma naissance est annoncée pour février. Paula écrit à sa sœur Jeanne : « Espérons qu'il ou elle sera l'Ange de la Paix, tant désiré ».

La future maman se fait des illusions. En février, la guerre aura atteint son point critique.

Sur la mission actuelle de son mari, Paula ne sait rien de précis. « Je reviendrai très vite », lui a-t-il seulement dit.

Elle l'a laissé partir sans poser de questions. Pourtant elle commence à s'impatienter.

« Il y a dix ans que l'armée m'embête », écrit-elle à sa sœur.

À Clerheid, le jour s'est levé.

John donne à sa patrouille le signal du départ.

Vincent me raconte :

« Le 9 septembre, les cinq patrouilles de l'Escadron mobile devaient se réunir à 18 heures au P.C. de Clerheid. À l'heure dite, deux d'entre elles manquaient à l'appel.

— Que s'est-il passé ?

— Je vais vous montrer quelque chose. Vous allez comprendre. Il y a eu un drame. Un ami nous attend sur la route de Fisenne, près d'Érezée. Au lieu-dit Tournant des Roches. Il vous expliquera tout. »

14.

La mort au Tournant des Roches

Au bord de la route de Fisenne, qui traverse un bois, quelqu'un nous fait signe.

Vincent gare sa voiture sur le bas-côté.

Un jeune homme, de haute taille, marche vers nous.

Vincent fait les présentations.

«Jérôme Crépin est historien. Son arrière-grand-père, le colonel Albert Bastin, commandait la Zone V de l'Armée Secrète.

— Je fais des recherches sur lui, ajoute Jérôme Crépin. À l'époque des faits, il était major. J'ai appris plein de choses sur la Résistance en pays d'Ourthe et d'Aisne. Les jeunes maquisards de 1944, je connais leurs noms de guerre.

— Ah ! Moi, je suis l'un des fils du *lieutenant John.*

— Je vois très bien qui c'était. Il commandait le premier peloton de l'Escadron mobile.

— Mon père est mort en 1980. J'enquête sur lui, si l'on peut dire. Je regrette de ne pas l'avoir interrogé davantage sur ses années de guerre.

— Votre père et mon arrière-grand-père ont été des compagnons d'armes. Albert Bastin commandait le refuge d'Amonines, non loin de celui de Clerheid. Votre père faisait partie de la Grande Génération, *the Greatest Generation,* comme disent les Américains. Ceux qui sont nés entre 1905 et 1925. Ceux qui ont combattu durant la Seconde Guerre mondiale. Les parents des *baby-boomers*... Après la guerre, beaucoup de "jeunes vétérans" ont préféré se taire sur ce qu'ils venaient d'endurer. Ils avaient envie d'oublier. Plus rien ne comptait que le présent. Pourtant, il ne faut surtout pas les oublier, eux. C'est écrit sur le monument que vous voyez là. Venez... »

Nous nous approchons du monument massif, en forme de pyramide, érigé à l'entrée du bois.

Je reconnais l'endroit. J'ai l'impression d'arriver à un rendez-vous fixé il y a longtemps.

Je dis au jeune historien :

« Je me rappelle vaguement que mon père nous a montré ce monument, quand j'étais petit.

— Que vous a-t-il raconté ?

— Très peu de chose. Maman me disait qu'il aimait beaucoup ses compagnons de l'Armée Secrète. Trois d'entre eux ont été abattus ici, à l'entrée de la forêt, par des S.S. Un quatrième a pu s'enfuir en dégringolant à travers bois, jusqu'à la rivière. Voilà tout ce que m'a dit papa.

— Les corps de deux autres éclaireurs de l'Armée Secrète ont été retrouvés ce soir-là dans un fossé à Briscol, non loin d'ici. Leurs noms sont gravés aussi dans la pierre. Deux types tout jeunes : Joseph Hanquet, alias *Ours jovial*, et Jacques Mottard. »

Quand je suis venu ici, est-ce que je savais déjà lire ? Les mots inscrits dans la pierre m'ont-ils été lus par papa ? Les ai-je déchiffrés moi-même ?

PASSANT
Que tu sois dans la peine ou dans la joie
TU ES LIBRE
Tu as le bonheur d'admirer ce beau pays
SOUVIENS-TOI
Le 9 septembre 1944
Sont tombés assassinés par les troupes S.S. en retraite
DES BELGES SANS ARMES

Suivent les noms :
Raymond Godenne – Joseph Hanquet – Pierre Masereel – Nestor Michel – Jacques Mottard

Je retrouve un peu la mémoire de notre lointaine excursion familiale du côté d'Érezée.

Ce jour-là, nous avons dit tout bas quelques prières devant le monument, au bord de la forêt en pente. Ma mère, ma sœur Françoise et mon frère Jean-Paul étaient avec nous. J'ai redressé la tête le premier. Le mystérieux silence s'éternisait. J'ai observé papa. Lui, toujours souriant, me semblait, dans le recueillement, un autre homme. De quoi son silence était-il fait ? Les enfants se demandent toujours à quoi pense leur père.

Est-ce avant ou après cette halte au Tournant des Roches que nous avons déjeuné au restaurant de l'hôtel *Belle-Vue*? Je me souviens d'un énorme bocal de cornichons, ma « friandise » préférée, qui trônait sur une table roulante, dans cette salle à manger aux grandes fenêtres. Drôle de petit garçon! Je dédaignais les pâtisseries les plus fines, je me jetais sur les cornichons et les petits oignons. Et, à la rigueur, sur les bonbons. Après le repas, ai-je un peu joué avec Jean-Paul dans l'escalier qui menait au jardin? N'y avait-il pas une balançoire, tout en bas? Je ne sais plus.

Jérôme, le jeune historien, nous montre ensuite deux monuments de taille plus modeste, un peu plus bas dans la forêt.

Ils sont consacrés à la mémoire de deux de ces maquisards, Raymond Godenne et Nestor Michel. Ils s'élèvent l'un et l'autre à l'endroit précis où gisaient ces hommes jeunes, au soir de cette journée ensoleillée de septembre 1944. Godenne était l'un des trompettes du régiment. Triste fin pour le cavalier qui avait mission de sonner la charge.

« Si on descendait jusqu'à l'Aisne?

— D'accord! C'est amusant. »

— Ne vous cassez quand même pas la figure, Bernard! »

J'aime être appelé par mon prénom. Et j'aime ces moments de sport – une petite partie de foot improvisée, une descente un peu risquée sur feuilles mortes, à travers bois, – qui me ramènent à l'enfance, tout à coup.

En nous agrippant de branche en branche, nous descendons vers l'Aisne, Denise, Vincent, Jérôme et moi. Nous commençons à percevoir la douce chanson de la petite rivière. L'éternel murmure d'eau vive.

J'imagine la fuite du quatrième maquisard, sa course de bête traquée tandis que les rafales de mitraillettes tirées par les S.S. se fracassaient contre les troncs d'arbres. Son soulagement extrême quand les coups de feu cessèrent et que seuls les chants d'oiseaux et le murmure de la rivière se firent entendre. Les tueurs avaient perdu sa trace.

Une de mes chaussures prend l'eau.

«J'aurais dû mettre des bottes!»

Tant pis! La journée me plaît.

Le début d'un poème appris par cœur en primaire me revient…

Tandis qu'à leurs œuvres perverses
Les hommes courent, haletants,
Mars qui rit, malgré les averses,
Prépare en secret le printemps.

De qui était-ce donc?

Je sors mon téléphone, j'interroge en douce Internet.

Ah oui! Théophile Gautier. *Premier sourire du printemps*.

Notre petit groupe est remonté vers les voitures. Nous nous sommes retrouvés tous au lieu-dit *Pont d'Érezée*. Il y a là un petit parc, avec des jeux pour les enfants, les rails d'un train touristique. L'endroit est désert. Nous prenons place sur les derniers bancs encore ensoleillés.

« Dites-moi, Monsieur Crépin, comment s'appelait-il, le quatrième maquisard, celui qui a réussi à échapper à la mort ?

— Henry Wingender. Grâce à lui, on connaît le déroulement du drame.

— Racontez-nous.

— Je vais essayer de vous résumer cela. Tout s'est joué très vite. »

Le second poste de commandement des résistants se trouvait dans l'ancien moulin d'Amonines. Un poste émetteur, caché dans le grenier, permettait d'envoyer des messages aux Alliés.

Henry Wingender, Nestor Michel et Pierre Masereel font leur rapport à ce P.C. Ils reprennent tout de suite la direction de Clerheid, où les différentes patrouilles ont rendez-vous à 18 heures. Hélas ! ils sont cueillis sur le pont de l'Aisne par un officier de la division S.S. *Das Reich* qui vient d'arrêter Raymond Godenne.

— Le trompette ?

— Oui. Les quatre hommes sont placés sur un véhicule blindé et amenés au château de Blier. Là, ils sont transférés sur une chenillette et conduits à Érezée par deux S.S. en armes.

L'un des S.S. entre dans une maison d'Érezée. Il en sort avec un pli à la main. La chenillette repart en direction de Fisenne. Elle s'arrête dans un virage, en bordure d'un bois.

Les deux Allemands font descendre les quatre hommes. Ils les poussent à l'intérieur du bois. Cela tourne de plus en plus mal.

Quelques mètres plus loin, un S.S. arme sa mitraillette. Masereel, qui parle l'allemand, tente de le raisonner. Soudain il s'élance, fonce vers la rivière. Les S.S. ouvrent le feu. Masereel est abattu. Nestor Michel s'écroule, lui aussi.

Au même moment, Wingender se met à courir.

Godenne le couvre : il se jette sur le S.S. et reçoit à bout portant la première rafale destinée à Wingender. Celui-ci court comme un fou vers la rivière. Les balles percutent les arbres. Par miracle, aucune n'atteint le fugitif. Les Allemands renoncent à le poursuivre. La chenillette s'éloigne.

Le temps presse. Les Américains approchent.

Les chars Sherman entreront dans Érezée le lendemain matin.

On raconte que, lors des arrestations sur le pont, un résistant s'est échappé en traversant une maison. À l'arrière, une petite porte donnait sur la forêt. L'homme devait savoir qu'elle n'était jamais fermée à clé. Il a filé par là. Il a disparu dans les bois.

Au village, on parla longtemps du « maquisard passe-muraille ».

Le récit de Jérôme me laisse rêveur. Je me dis que le « passe-muraille » pourrait bien être mon père. Oui, John… Le gamin qui avait si souvent joué près de la rivière, explorant tous les recoins, les bonnes cachettes.

Mais non. Le lieutenant John commandait une autre patrouille.

Après la mort de mon père, j'ai hérité de son gros bureau de chêne, et j'ai découvert dans ses archives personnelles, au fond d'un tiroir, le brouillon de son rapport sur les événements d'Érezée, heure par heure. On y voit que, le 9 septembre 1944, plusieurs hommes ont été interceptés et interrogés et heureusement relâchés par les S.S. L'alibi « ouvrier agricole » avait fonctionné. Le peloton commandé par Pierre Masereel n'avait pas eu cette chance.

Ces notes, papa les avait griffonnées sur des feuilles de papier pelure. Légères comme des souvenirs d'enfance.

L'Armée Secrète a fait du bon travail. Orientés par les éclaireurs de l'Escadron mobile, les tirs d'artillerie des Américains sur les positions allemandes ont redoublé, ce jour-là. Les G.I.'s ont passé l'Ourthe sans encombre.

Dans les rapports, on lit que la trace du lieutenant John s'est perdue pendant plus d'une heure, ce jour-là. A-t-il été canardé par les S.S. lui aussi ? A-t-il dû faire le mort ?

Je songe à notre jeune papa, que nous trouvions étendu, absolument immobile, sur le plancher de son bureau.

Faire le mort, c'était l'une de ses spécialités.

Comme le « saut de l'ange » qu'il exécutait devant nous à la *Piscine Fleurie* de Spa, dont l'eau était si froide. John grimpait tout en haut de la « grande girafe ». Ayant fait ses mouvements de bras rituels, il plongeait…

Et l'ange sortait de l'eau, hilare. Il était comique, avec son « caleçon de bain » à bretelles et son bonnet. Son grand sourire d'enfant.

Salut, papa !

15.

Ce n'est qu'un au revoir

Une vieille lettre de toi m'a été récemment remise. Par qui ? Je ne sais. Sur l'enveloppe, il est écrit IMPORTANT. Oui, elle m'importait beaucoup, cette lettre. Et, pour plus de sûreté, je l'ai rangée à un endroit tellement insolite que je ne la retrouve plus ! Quel lamentable archiviste je fais ! J'en ai accumulé des documents au cours de ma vie. Mais dans quel désordre !

La lettre refera peut-être surface un jour, avec un peu de chance.

Je ne la retrouve pas encore, mais je me rappelle bien sa teneur. Et l'une ou l'autre phrase.

C'est la dernière « lettre de campagne » de papa. Elle s'adressait à Paula. John l'a écrite à Clerheid, au crayon, assis dans l'herbe peut-être. Dans notre famille, les lettres importantes sont souvent rédigées au crayon. Pour écrire dans l'urgence, on s'empare de ce qui tombe sous la main. Marthe s'adressant à Ernest, à bord d'un paquebot transatlantique qui s'éloigne du Nouveau Monde, se sert d'un crayon de bridge dont elle épuise la pointe. Et Paula, racontant à sa sœur, presque sur le vif, les péripéties de ma naissance, le fera avec un crayon.

Jamais l'écriture de papa ne m'a paru aussi grande. Aérée. Comme si elle était portée par des ailes. Vibrante de jeunesse.

John n'exprime pas ici des choses solennelles. Il raconte en toute simplicité les derniers jours à Érezée avant sa démobilisation.

Il évoque un service religieux célébré le 12 septembre dans l'église de Soy, un village voisin. Il écrit : « J'ai commandé le peloton qui a rendu les honneurs à nos morts. »

Ensuite, John raconte un grand feu de camp organisé par l'Escadron mobile pour remercier les villageois des alentours. Car ils ont été soutenus et appréciés, ces jeunes gens des villes, arrivés, tout pâles, sur des bicyclettes. Les mains calleuses des hommes travaillant dans les fermes et les champs ont d'abord étonné les combattants de l'Armée Secrète, aux mains plus blanches et plus lisses. L'instituteur, le clerc de notaire, le jeune armateur ne comprenaient pas toujours les mots wallons utilisés par les paysans. Mais on s'entendait bien.

Un grand feu a brillé à l'orée d'un bois, un soir de septembre 1944. « Nous avons présenté une série de sketches et des acrobaties qui se succédaient à une vitesse extraordinaire », écrit papa dans ce message. « Après quoi on a servi des tartes grandes comme des roues de charrettes. »

Ce fut un vrai feu de camp de boy-scouts.

Pour finir, ceux qui étaient assis en cercle, calfeutrés dans une couverture, car les nuits étaient déjà fraîches, ont contemplé en silence la douce mort du feu, les bûches rougeoyantes, les braises.

Tout le monde s'est levé pour former une chaîne de mains et chanter *Ce n'est qu'un au revoir, mes frères.*

Il y avait eu une grande lueur dans la nuit.

16.

Difficile d'être un bon ouvrier

« Où étiez-vous détenu, Monsieur Halkin, quand les blindés américains sont entrés dans Liège ?

— J'étais dans la prison de Gross-Strehlitz, en Silésie. Un jour de septembre 1944, un camarade est venu à la porte de ma cellule pour me dire, la voix changée : *Liège est libre !* Je l'entends encore… Nous imaginions nos compatriotes en délire, fêtant la victoire, sans oublier les absents. La prison nous était moins odieuse ce jour-là.

Et puis, en octobre, on nous a annoncé que nous allions dans un camp sanitaire. Quand nous changions de lieu de détention, les Allemands disaient toujours : "Vous allez dans un camp sanitaire". Ce n'était pas vrai, mais ça nous faisait prendre patience. Seulement on souffrait beaucoup plus, après, de la désillusion.

De Gross-Strehlitz, nous sommes allés dans un vrai camp, terrible, qui s'appelait Gross-Rosen. Toujours en Silésie.

Gross-Rosen était un immense camp de plus de 24 000 hommes, certainement, et là nous n'étions plus dans des cellules. Nous étions dans l'espace vide des baraques. Enfin on retrouvait des amis, parfois.

On nous a mis au travail. Et je me suis aperçu que c'était difficile d'être un bon ouvrier. Oh là là !

On me faisait porter des choses sur le dos, une fois, deux fois, trois fois… Pas quatre !

Je n'en pouvais plus, tandis que mes camarades autour de moi avaient le tour de main. C'est extraordinaire. Je les ai beaucoup enviés. Ils me regardaient avec un peu de pitié : "Tu n'es pas capable de porter un sac de ciment ?" Je disais : "Eh non, eh non !"

— Comment les grandes nouvelles de la guerre vous parvenaient-elles pendant votre captivité ?

— En général, dans tous les endroits fermés, il y avait des communistes, prisonniers et allemands. Ils avaient le droit de faire des tas de choses. Et eux savaient. Ils le disaient aux camarades communistes de notre camp, qui le répandaient.

Je me rappelle très bien. Le 20 juillet 1944, à Gross-Strehlitz, nous avons été tout étonnés, le soir, ou peut-être même l'après-midi, de voir des soldats armés sur le toit de la forteresse. Ils jouaient aux soldats.

"Qu'est-ce qu'il y a ?" demandions-nous aux prisonniers communistes.

"Il y a eu un attentat contre Hitler."

Nous étions absolument persuadés qu'il allait mourir. Ça a été un véritable délire dans la prison. Et on discutait ferme, de cellule à cellule. On peut toujours communiquer, n'est-ce pas ? Les plus optimistes disaient : "Nous serons délivrés dans trois jours". Je me suis fait très mal voir, moi, professeur d'histoire, en leur disant : "Non, il faudra trois semaines."

Et il a fallu neuf mois, neuf mois pour en sortir, pendant lesquels des centaines de milliers d'hommes sont morts. C'est une chose terrible de penser à cela. Que cet attentat manqué a coûté si cher non seulement à ceux qui l'avaient perpétré, courageusement, mais aussi aux Allemands. Car c'est après cela qu'il y a eu les grands bombardements. »

17.

Vive les Américains !

13 octobre 1944

« Chère Jeanne,

John est rentré à la fin du mois de septembre, pas encore démobilisé, car il a encore certaines missions à remplir, mais à Liège désormais…

Il a repris une vie normale, mais la navigation est fort entravée actuellement. Il passe de bonnes journées avec les Américains (vive les Américains ! disent les gosses), en remorqueur, afin de les mettre au courant de l'état de choses actuel, etc. Mammy l'accompagne comme interprète.

Bombes volantes ? Il est rare qu'il n'y en ait pas sur un jour. Dégâts souvent importants, mais toujours dans les faubourgs. Bruits très violents, qui me donnent des battements de cœur et affolent maman. »

Il y a beaucoup dans ces quelques lignes de Paula à Jeanne.

Il y a le nouveau retour de papa à la maison.

Il y a la navigation intérieure : le jeune armateur emmenant des officiers américains sur un remorqueur.

Nous avons trois photos de cet événement.

John peut porter au grand jour, enfin, l'uniforme de l'armée belge. Le jeune armateur est dans son élément. Il guide les Américains sur les voies navigables dans Liège et alentour. Il leur montre l'état des ponts – désastreux, le plus souvent.

Le remorqueur longe aussi le canal Albert.

John rencontre des G.I.'s de la Grande Génération. Le petit Canadien exilé en Belgique renoue avec le Nouveau Monde, en quelque sorte. Marthe, sa mère, est également à bord du remorqueur. Elle sert d'interprète.

J'observe son profil de vieille squaw.

Marthe est impassible, comme à son habitude. Mais je devine sa joie immense. Je la connais bien. Pendant les années qui vont suivre, il y aura entre elle et nous la connivence merveilleuse qui peut exister entre une grand-mère et ses petits-enfants. Ce lien magique, éphémère, qui marque votre vie à jamais.

Aujourd'hui les Américains sont partout. Bronzés, souriants, *cool*. Ce qui frappe chez ces *boys* : les dents blanches, une élégance plus sportive que militaire. Les semelles de caoutchouc leur donnent une démarche silencieuse de chats. Cela change du bruit des bottes cloutées des Allemands ! Ils ont l'air plus jeunes, plus modernes, ils sont souvent plus grands que les Belges de la même génération. Ils annoncent l'après-guerre, les *chewing-gums* de notre enfance, les *jeans* de notre adolescence, les lunettes d'aviateur et les blousons en mouton retourné que les plus veinards d'entre nous pourront arborer…

Ces Américains viennent d'arriver en Europe.

Ils ne sont pas encore bien conscients de l'ignominie du régime nazi que nous devons subir depuis 1940. Ils en prendront toute la mesure au printemps 1945 quand ils découvriront, stupéfaits, des monceaux de cadavres dans les camps de concentration tout juste libérés.

Dans la petite lettre de Paula à sa sœur, il y a aussi une première allusion aux bombes volantes. Elles ne touchent encore que les faubourgs de Liège. Dans quelques semaines, au moment de la grande contre-offensive allemande en Ardenne, la pluie des V1 et V2 («armes de la Vengeance») va s'amplifier. Elle culminera à la Noël 1944.

À Liège, on appelait *robots* ces petits avions sans pilote, faits pour tuer à l'aveuglette, et pour épouvanter la population.

Troisième partie

LE NOUVEAU-NÉ – LE REVENANT

1.

Alerte !

Paula attend son troisième enfant.
On vit dans les caves.
9 décembre 1944

« Chère Jeannot,

Les jours passent, et heureusement ne se ressemblent pas. Après l'enfer des deux dernières semaines, voici l'accalmie dont on n'ose presque pas parler sans toucher du bois…

En bons optimistes, nous avons regagné nos pénates, quitte à reprendre notre vie souterraine à la première alerte.

Alerte ! Voilà un mot qui désormais signifie "musicalement" quelque chose aux oreilles liégeoises ! Quand on se rappelle qu'il y en a eu jusqu'à cent par jour, on peut prétendre savoir de quoi il s'agit, en ses moindres modulations. Surtout lorsque maman se charge de prolonger ses résonances par des hurlements que tu as eu l'occasion d'apprécier !

Tu dois aussi connaître les phases de l'histoire : alerte – puis deux ou trois minutes après, ronronnement approchant : nouveaux cris maternels : "V1, V1, tous à la cave !" (si on ne s'y trouvait déjà), ruée en commun, bousculade, gosses qui hurlent de se voir brutalement empoignés – John, toujours en queue du cortège, naturellement, étant donné sa calme nature ! Puis arrêt du ronron (ce qui est le plus sinistre), suivi, après quelques secondes d'angoisse, d'un coup plus ou moins fort suivant la distance…

Les gosses sont enrhumés, et leur mère ne vaut pas lourd (façon de parler, car le médecin me prédit un nourrisson supérieur en poids à Jean-Paul !) »

L'offensive von Rundstedt a été déclenchée le 16 décembre.
21 décembre 1944

« La date de la naissance approche tout doucement. Que se sera-t-il passé d'ici là ?

Panique à Liège, où l'on passe d'une opinion à l'autre à tout moment. Bien des familles ont déjà plié bagage. Et je crains fort qu'une cinquième fois nous ayons, John et moi, à échanger des adieux… »

Ah ça ! Il y avait de l'ambiance à Liège, pendant ma vie prénatale. Cela explique-t-il mon caractère anxieux ?

Françoise, ma sœur aînée, a des souvenirs épars de cet hiver extraordinaire – le quatrième hiver de sa vie. Quelques flashes. Parfois même toute une séquence.

« Papa m'emmenait souvent sur son vélo, me dit-elle. Il avait équipé la barre d'une petite selle, avec des cale-pieds. Un soir, nous revenons de Coronmeuse, nous roulons sur la piste cyclable qui longe les quais. Et puis… Nous entendons les sirènes d'alerte. Des gens crient à papa : "Arrêtez-vous, monsieur ! C'est trop dangereux !" Mais tu connais papa : il n'avait peur de rien. Il a continué à pédaler. Le ronron du V1 s'est arrêté. Et presque aussitôt le robot a explosé. Nous sommes tombés tous les deux à plat ventre sur la piste cyclable. Il y avait de la poussière jaune partout… Tu sais, comme quand on abat un mur. Nous avons regagné notre appartement du quai Saint-Léonard. Maman était dans tous ses états quand elle m'a vue. "Mon Dieu, qu'est-ce qu'elle a ? Pauvre petite !" J'avais le front en sang. Juste une égratignure, mais spectaculaire. Papa et maman ont pensé que c'était trop risqué de rester dans cet appartement sans cave. Ils ont rempli une ou deux valises, ils ont mis Jean-Paul dans la poussette. Et nous sommes allés nous réfugier tous les quatre chez bon-papa et bonne-maman, place Saint-Barthélemy. »

Il était temps de se mettre à l'abri. Quelques jours plus tard, le 5 janvier 1945, l'appartement du quai Saint-Léonard est à moitié démoli par un V1.

Le 1er janvier, Paula avait pourtant écrit à Jeanne : « Le rythme des V s'est considérablement ralenti. Je dirais même qu'on s'y habitue, tant qu'ils ne choisissent pas pour point de chute votre propre tanière !

Tu sais combien maman tient à sa vie de maîtresse de maison, dans le cadre qui lui est si cher – et je pense sincèrement que la transplanter, alors qu'il y a danger pour "ses choses", lui serait plus sûrement fatal qu'une tonne de dynamite !

Papa a ses affaires, petites et grandes, et moi-même, tu le sais, je préfère mourir avec mon mari qu'échapper seule.

Évidemment, il y a plus de danger qu'auparavant, parce que l'alerte ne peut plus se donner à temps, vu le rapprochement du front et qu'en plus, les bombardements aériens sont assez fréquents. »

5 février 1945

« Jean-Paul et Françoise ont passé des semaines entières sans jamais respirer un autre air que celui des caves, et n'entendre que des éclats de bombes, des ronflements de robots, et des lamentations grand-maternelles ! Dès qu'ils voulaient jouer ou chanter, ils étaient rabroués : "Taisez-vous ! Écoutez ! Voici un V1", etc., etc.

Il n'y a plus de maternité, étant donné la surabondance de blessés.

J'accoucherai la semaine prochaine sans doute, dans la chambre du premier. Mais comme il passe encore des robots parfois, il est vraisemblable que je devrai séjourner dans la cave aux compteurs, notre actuel domicile.

Ce ne serait pas trop grave. Jeanne, tu devrais voir les transformations opérées dans nos caves par cette incomparable décoratrice qu'est notre mère. Tout a été teinté en jaune. Les portes et accessoires sont vert foncé. Gravures et tentures enjolivent. Bref, c'est vraiment sympathique et amusant. »

2.

L'usine souterraine des V1

Le professeur Halkin poursuit le récit de son odyssée dans les ténèbres.

« Le 8 février 1945, nous avons quitté le camp de Gross-Rosen. On nous a conduits vers la gare du patelin, à deux ou trois kilomètres de là.

On nous a fait monter dans des wagons à bestiaux, sans toit donc. Et nous étions cinquante par wagon. Il y avait un millier d'hommes en tout. Et, dans chaque wagon, un S.S. armé.

Où allions-nous ? Nous n'en savions rien.

On nous avait annoncé encore “un camp sanitaire”. En fait, nous quittions la Silésie. Le train se dirigeait vers l'ouest. Signe peut-être que les troupes soviétiques progressaient.

On nous avait donné, en partant, un peu de pain. Mais nous sommes vite arrivés au bout.

Alors j'ai senti que le froid venait. J'ai ramassé par terre des bouts de paille. Il y en avait beaucoup ; ces wagons avaient servi à transporter des vaches. Et avec ces bouts de paille, je me suis fait un gilet à l'intérieur de ma veste. Je me suis peut-être sauvé la vie comme ça. J'ai mis tout ce que je pouvais : papier, tout… Et j'ai essayé de survivre.

Sur mille prisonniers, deux cents sont arrivés vivants à Dora.

Ce qui est affreux, vraiment affreux, je n'hésite pas à employer le terme, c'est que ce voyage a duré quatre jours. Après un jour et une nuit, on trouvait que c'était assez. Mais il fallait recommencer.

C'est au milieu du quatrième jour que nous sommes arrivés à Dora. Nous avons été reçus par les S.S., naturellement, qui nous ont fait descendre du train à coups de crosse. Ils nous ont fait remettre dans le train les cadavres. Puis ils nous ont entraînés vers notre nouveau camp.

Et là… Nous avons été très bien accueillis par nos camarades, que nous ne connaissions pas, qui ne demandaient qu'à nous aider, à nous comprendre.

Beaucoup d'entre nous sont morts en arrivant.

Un ami très cher, qui s'appelait Gilbert Bontemps, était déjà là, parmi les prisonniers qui nous accueillaient. Il m'a dit : "Vous êtes arrivé dans un état affreux. Vous étiez couché par terre, appuyé au mur. Et même les médecins du camp (c'étaient des S.S., mais enfin…), même eux ont été émus. Et l'on vous a apporté de la soupe chaude, chose qu'on ne faisait jamais à Dora."

Dans une mine de sel désaffectée, à proximité du camp de Dora, un complexe souterrain abritait des chaînes de production de V1 et de V2… Les bombes volantes qui frappaient Londres, Anvers, Liège.

Là-bas, les esclaves du Troisième Reich montaient "les armes secrètes d'Hitler", conçues et réglées par une équipe de savants. Parmi eux : Wernher von Braun qui, après la guerre, allait être recruté par les Américains pour les aider à conquérir la Lune.

Je n'ai pas vu von Braun à Dora.

J'ai vécu dans un *revier*, une infirmerie, une espèce d'hôpital bizarre, loufoque, ce qui m'a peut-être sauvé la vie. Car je n'ai pas eu de travail à faire.

Nous y sommes restés un certain temps. Puis on nous a conduits dans un camp tout proche qui s'appelait Nordhausen. C'est en arrivant là que j'ai appris la mort d'amis très chers, comme l'abbé Émile Boufflette.

Si Dora était l'enfer de Buchenwald, Nordhausen était l'enfer de Dora. Un camp d'extermination par le travail.

Nous étions dans un grand bâtiment, une ancienne caserne. Sur les murs d'une salle, il y avait des inscriptions assez belles, en allemand. Il y avait surtout : *Mon honneur s'appelle fidélité*. Je m'attribuais beaucoup cette parole admirable.

D'autres inscriptions montraient que cette caserne avait été occupée par des tanks et des avions. »

3.

« Un air de petit vieux bougon »

13 février 1945

« Chère Jeannot,

Tu serais surprise, en parcourant les rues de Liège, de leur triste état actuel. J'observais, dimanche dernier, le long du chemin Saint-Barthélemy-Coronmeuse, où nous allions dîner : pas une seule maison n'a ses vitres intactes ! Que dire de l'effondrement total de blocs de maisons, avec toute la désolation que cela suppose ?

Notre frère Pierrot est absent : en mission Croix-Rouge, avec des médecins, dans les Ardennes (Gouvy, etc.). Il m'a raconté des choses affreuses, lors de sa première permission. Les champs et routes sont minés partout, de sorte que les cadavres des soldats et bestiaux découverts par la fonte des neiges n'ont pu encore être enlevés. Les paysans sont réduits à une misère extrême.

Pour le prénom de notre numéro 3, on hésite encore.

J'avais envisagé *Patrick*. Prénom très en vogue depuis l'arrivée des Américains. Mais oncle Eugène trouve que c'est un nom de sauvage !

Pour une fille, le prénom *Daisy*, que j'avais aperçu, peint en grand sur le capot d'une Jeep, m'avait tapé dans l'œil. Mais je suis bien la seule dans la famille à aimer ça.

C'est stupide ! *Bernard* fait un peu "vieux jardinier". *Luc Gheur*, ça provoque un petit hoquet de prononciation. Nous étions fixés sur *Christian* (en dépit de ma belle-mère, qui trouvait cela trop romantique), quand la future marraine, ce matin, nous a fait de grandes démonstrations du manque de sel de ce prénom, qui n'a pas de saint patron, etc.

J'attends l'impression d'ensemble du poupon pour me décider. Ce sera dès lors peut-être *Placide, Constant, Modeste, Innocent* ou *Simplice* ! »

19 février 1945

« Il y avait dix jours que le médecin m'avait garanti une échéance imminente, et maman n'avait pas manqué de proclamer cela à toute la ville ! Samedi, j'étais tellement en forme et alerte, comme une jeune fille ! J'avais minci, à tel point que je me disais que le bébé allait se résorber et retourner d'où il venait ! J'ai réparé ma vieille robe brune, usée jusqu'à la corde, et lavé ma robe fleurie, qui attendaient ces soins depuis trop longtemps. Mais, la nuit, cela a recommencé. Encore une fausse alerte ? Cette fois, dans mon scepticisme, j'ai hésité durant des heures à appeler le médecin. »

Elle l'appelle. Je passe les douleurs de l'enfantement. Et voici ses premières impressions de maman(pas très flatteuses pour moi !) :

« Notre garçon de 4 kg a plongé dans l'existence avec empressement. Nous sommes ravis. Il n'est pas joli, joli, avec son air de petit vieux bougon, de notaire ratatiné. Ses mains sont fripées et sa voix suraiguë ! Petits cheveux noirs, son aîné était beaucoup plus réussi. Je rigole intérieurement lorsque le public admis à le contempler reste silencieux, n'ayant pas le courage de s'extasier ! Tu penses, cela s'arrangera, son nez trop gros et sa grande bouche.

Paula

Post-scriptum :

Dernière minute : John revient de Coronmeuse. C'est BERNARD que se nomme ton neveu. »

4.

Good Day !

Pour le professeur Halkin, le jour de la liberté approchait.

« À Nordhausen, nous étions un petit groupe de prisonniers, assis par terre dans le fond de la caserne, appuyés contre un mur qui se prolongeait par une charpente énorme.

C'est là que, le 2 avril 1945, nous avons été bombardés par les Américains.

Les Alliés ignoraient que ces bâtisses en ciment n'étaient plus des garages pour les tanks, mais servaient de camp de concentration gardé par des S.S.

Ce fut terrible, très impressionnant… Si impressionnant que les Allemands se sont sauvés. Mais ils sont revenus, malheureusement.

Le lendemain, les bombardements recommencent. Beaucoup plus puissants. Je reprends ma place au fond du garage, sous une maîtresse poutre. Je tiens au poing mon chapelet de ficelle. J'entends le tapis de bombes se dérouler sur ma tête, de droite à gauche, avec une régularité implacable.

Le bombardement est maintenant sur nous. Je pourrais compter les secondes qui me séparent de la mort, de ma mort.

Les explosions sont de plus en plus fortes, couvrant les cris des blessés. La voûte tient bon.

Alors j'ai été touché. Et je me suis évanoui. Combien de temps ? Je ne sais pas. Quand je suis revenu à moi, je saignais, mais enfin, je n'avais pas de blessure très grave.

J'avais le bras gauche ouvert.

Les Allemands étaient partis… Mais vraiment partis !

Ils avaient eu une telle peur ! Il y avait eu tant de tués parmi les leurs. Ils s'étaient repliés tout de suite dans la ville la plus proche, Nordhausen.

Les plus valides et les plus malins d'entre nous ont dit : "Mais c'est la liberté !"

C'était une certaine liberté.

Ils ont réussi à forcer les portes des magasins des S.S. Ils ont trouvé de tout, là : de la confiture, du beurre, du pain, des boîtes de viande en conserve. Ils sont revenus les bras chargés. Moi, dans mon coin, je ne pouvais pas bouger. Je me suis régalé, moi aussi. C'était bon, ça m'a un peu remonté.

Je souffrais beaucoup du bras. J'avais ce qu'on appelle un phlegmon.

Alors, je ne sais pourquoi, nous sommes descendus dans les caves. Personne ne nous y obligeait. Nous y serions peut-être plus tranquilles. La caserne, dans son rez-de-chaussée, était immense. Mais les caves étaient petites. On a formé des groupes.

C'est là que l'un de nous, qui était prêtre, a dit la messe. Il avait trouvé du pain et du vin. Et ça m'a beaucoup impressionné.

Et puis, le 11 avril 1945, le jour de ma fête, la porte de notre caveau s'est ouverte. Et, de mon lit, j'ai vu entrer un soldat. Je l'ai contemplé, grand, large, bon, habillé de kaki, avec un casque comme je n'en avais jamais vu. Je me suis douté que c'était un Américain. Simplement, comme s'il nous reconnaissait, il a dit :

— *Good Day !*

Je me suis péniblement levé. Le soldat m'a paru beaucoup moins imposant. J'ai voulu l'embrasser. Il a eu un léger mouvement de recul. Je le comprends. J'étais dans un état lamentable. Je sentais très mauvais. Pour lui, ce devait être "le baiser au lépreux". En m'ouvrant les bras, il s'est montré héroïque.

— Vous vous représentez encore son visage ?

— Très bien. Mais je ne le reconnaîtrais pas. Je ne sais pas qui est ce garçon. Il pouvait avoir vingt-cinq ans. Je n'ai pas demandé son nom. Il ne sait pas le mien. Il a disparu de mon horizon. Je n'ai aucune chance de le retrouver. Il a vu, ce jour-là, plusieurs centaines de détenus.

Il nous a fait apporter du ravitaillement tout de suite, avec la ration du militaire en campagne. La ration K. Je ne sais pas si vous voyez ce que ça veut dire pour un malade. C'est épouvantable ! Il y avait de la viande, beaucoup de sucre, du fromage, tout ce qu'on voulait. Il aurait fallu nous alimenter à la cuiller. Je pesais 39 kilos.

Et puis, j'ai reçu deux visites tout à fait inattendues… »

5.

Un soldat de seize ans

« Les Américains nous ont emmenés par petits groupes à Nordhausen, une sorte de cité ouvrière, voisine du camp de Dora. Ils chassaient les habitants pour nous mettre dans leurs maisons. On m'a installé dans une petite chambre.

Hasard merveilleux : deux de mes élèves venaient d'arriver à Nordhausen avec les G.I.'s... Oui, deux jeunes Liégeois, Maurice Engen et Étienne Hélin, engagés volontaires dans le 6e Bataillon belge de fusiliers adjoint à la 1re Armée américaine. Ils avaient assisté au dernier cours que j'avais donné à l'Université de Liège avant mon arrestation, le 17 novembre 1943. Ça leur paraissait colossal de retrouver leur professeur d'histoire dix-huit mois plus tard, au cœur de l'Allemagne.

Un élan d'indignation avait poussé ces garçons à s'engager. Ils n'étaient pas fiers de voir les Américains faire le travail tout seuls et mourir pour un pays dont ils ne connaissaient peut-être pas l'existence en débarquant en Europe.

Des centaines de milliers de soldats avaient envahi le territoire allemand. Maurice et Étienne m'ont raconté que, partout où ils passaient, ils essayaient de savoir s'il n'y avait pas de prisonniers belges ou français.

Quand ils sont arrivés dans les décombres de Nordhausen, ils ont été épouvantés. Les cadavres allongés sur le sol. Les êtres squelettiques, au crâne rasé, au regard éperdu, avec sur le visage des traces de coups, noires ou rouges… Ces malades qui pouvaient à peine se lever, qui avançaient avec la démarche d'un aveugle… Nous avions franchi une limite. Nous étions à deux doigts des ténèbres.

Et cependant, nous nous croyions sauvés. Nous étions persuadés que, rentrés à la maison, bien nourris pendant quelques semaines, nous serions d'attaque, nous reprendrions une vie normale. C'était une illusion terrible. Beaucoup sont morts dans les mois qui ont suivi leur retour. La libération était une grande joie. Mais ce n'était pas la fin de l'épreuve.

À Nordhausen, de proche en proche, Maurice Engen et Étienne Hélin ont posé la question habituelle. Un jeune Français leur a dit: "Il y a ici un Belge… C'est un professeur de géographie." Ce jeune Français faisait une confusion avec mon oncle Joseph Halkin, auteur d'un atlas répandu dans l'enseignement secondaire.

C'est Maurice Engen qui, le premier de tous, est entré dans ma petite chambre de Nordhausen et m'a embrassé. Le premier visage ami que je revoyais, après si longtemps. Maurice m'a dit qu'il avait pris une vingtaine de photos devant les décombres de la caserne. Ce jeune homme était révolté. Il en voulait au bon Dieu. "Il ne faudra jamais perdre de vue que l'impensable s'est produit", disait-il. Il a été très chic et très généreux. Hélas! il a dû repartir assez vite.

Le 13 avril, j'ai été ramené au *revier* du camp de Dora. Je souffrais d'un phlegmon : les suites d'un éclat d'obus enduré pendant les bombardements.

J'ai été opéré par un médecin S.S., lui-même gardé de près par un soldat américain. Pas d'anesthésie. Juste de l'éther. Mais l'intervention a réussi.

— En somme, c'est un S.S. qui vous a sauvé la vie…

— C'est vrai ! J'ignore ce qu'il est devenu. A-t-il été fusillé ? On en a fusillé beaucoup. Pendant ce temps, Étienne Hélin, mon autre élève engagé volontaire dans le 6e Bataillon belge, me cherchait vainement dans les maisons de Nordhausen. Ce garçon très pacifique était en colère. Il a fini par me trouver, étendu sur un lit superposé, dans un baraquement du *revier* de Dora. Il avait les mains pleines de vivres. Moi, j'avais tant de questions à lui poser. Ma femme et mes enfants étaient-ils toujours à Tilff ? Et mes parents ? Comment allaient-ils ? Nous avons parlé aussi de mes anciens élèves, de l'Université, et des membres de l'O.M.R., vous savez, cette œuvre dont je m'occupais… Oui, Étienne était l'un de nos jeunes "zélateurs", tout comme votre père, avant lui.

— Quel était votre état d'esprit ?

— Oh ! j'étais stupéfait. Je vivais un miracle. Je ne m'attendais pas du tout à être délivré. Je gardais précieusement les morceaux de mes lunettes, à nouveau brisées. Mon élève Étienne Hélin ne pouvait rester plus longtemps près de moi. Il m'a promis de revenir le lendemain. Je lui ai demandé de m'apporter de quoi écrire. "Il y aura plein de choses dans votre colis", m'a-t-il promis.

Avant de partir, il a sorti le revolver qu'il dissimulait dans sa poche. Il l'a brandi sous le nez du kapo du baraquement, un Polonais. Ce geste n'était pas du tout le genre de mon élève plutôt timide ! Je l'ai entendu dire au kapo, dans son mauvais allemand : "Je m'en vais. Je reviens demain... Si jamais il arrive quelque chose au professeur, c'est toi qui mourras". Étienne a glissé dans la main du kapo un paquet de cigarettes, la monnaie d'échange universelle. Il connaissait déjà les usages des camps.

Parmi les êtres humains entassés dans les baraquements de *Dora Revier*, beaucoup n'étaient plus séparés de la mort que par un jour ou deux. Ils auraient fait n'importe quoi pour sauver leur peau. La solidarité n'avait plus cours ici.

Quant aux jeunes volontaires belges, ils craignaient que les Américains partent sans eux. Coupés de leur commandement, ils eussent été considérés comme déserteurs. Surtout qu'ils portaient des uniformes disparates. Les Américains ne savaient pas eux-mêmes où ils allaient. Leurs camions fonçaient à travers l'Allemagne sur les "routes à boules rouges". Le *Red Ball Express.*

— C'est-à-dire ?

— C'étaient des routes réservées aux convois militaires. On ne pouvait y circuler que dans un sens. Le *Red Ball Express* (un surnom inspiré du jargon ferroviaire) avait été créé au pied levé, après le Débarquement, afin d'apporter très vite le ravitaillement de toute nature aux unités de combat américaines, en France puis en Allemagne.

À *Dora Revier*, je me suis trouvé à côté d'un soldat allemand qui paraissait très mal en point. Nous avons parlé. Et gentiment. Nous n'étions plus des ennemis, mais de pauvres bougres. Je lui ai demandé :

"Avez-vous fait la campagne de 1940 en Belgique ?"

Il a souri… Du moins je le suppose, car je ne voyais pas sa figure sous les bandages.

Il a dit :

"J'ai seize ans."

Ce soldat était une recrue de la dernière vague allemande, quand Hitler engageait les adolescents, les femmes, les vieux… Tout le monde devait mourir pour le Reich ! »

6.

Retour à la vie

Avant de quitter Nordhausen dans un camion de l'armée américaine, le jeune volontaire Étienne Hélin écrivit trois lettres. Une à ses parents. Une autre à Madame Halkin, à Tilff. Et la troisième, destinée à des amis étudiants, il la confia à des prisonniers de guerre belges libérés, en bonne santé, décidés à regagner Liège à pied.

La troisième lettre commençait par ces mots :

« Rien de ce que je vais raconter n'est exagéré, et j'ai encore mon bon sens. Hier et avant-hier, j'ai eu la plus grande émotion de ma vie. J'ai vu Léon-E. Halkin vivant ! »

À Liège, Guy Delrée – cet ami de papa que nous appelions « Monsieur Guy » – fut l'un des premiers au courant de la grande nouvelle.

Il était alors magistrat militaire. Il n'hésita pas.

« Allons tout de suite à Nordhausen ! »

Il réquisitionna une Jeep et il partit tout seul, bravement, pour l'Allemagne.

Cologne, Düsseldorf, Dortmund, et puis Nordhausen, petite ville de Thuringe. Il parcourut quelque 500 kilomètres à travers l'Allemagne dévastée. Pour aller plus vite, Monsieur Guy a-t-il pu emprunter le *Red Ball Express* des Américains? A-t-il fait de dangereuses rencontres? La guerre n'était pas finie. Le fanatisme était loin d'avoir dit son dernier mot. La *Werwolf* (loup-garou en allemand), le corps franc de volontaires nazis créé par Himmler, restait en embuscade dans les campagnes.

Monsieur Guy ne nous a jamais raconté son voyage solitaire en Jeep, son arrivée à Nordhausen, sa découverte abominable.

Après la guerre, il y a fait allusion une seule fois devant nous. Nous venions de regarder en famille le film *Nuit et Brouillard* lors d'une séance exceptionnelle. Nous étions encore des enfants. Et je ne regrette pas d'avoir vu si jeune les images atroces reprises par Alain Resnais dans son film. Les corps retournés par un bulldozer, les regards hallucinés des détenus…

Nous avons salué Monsieur Guy à la sortie de la séance de cinéma. L'ami de papa semblait bien grave, ce soir-là. Il nous a simplement dit: «J'ai vu cela, moi aussi, à Nordhausen et à Dora, en avril 1945.»

Qui, dans les décombres de Nordhausen ou dans le *revier* de Dora, a informé le jeune magistrat belge Delrée, arrivé en Jeep, que le professeur

Halkin venait d'être évacué avec d'autres prisonniers politiques ?

« Évacué ? Mais comment ?

— Par avion. Dans un DC 3 américain. »

Écoutons Léon-Ernest Halkin raconter lui-même son retour en Belgique. La suite de son livre *À l'ombre de la mort*. Le versant ensoleillé de cette histoire…

« À Nordhausen, je trouvais que ça traînait. Je n'allais quand même pas rentrer chez moi à pied !

C'est alors que quelqu'un a eu une idée géniale. Les Américains amenaient par avion des troupes supplémentaires, car la guerre n'était pas finie. Et ces avions repartaient à vide. Soixante hommes, qui ne pesaient pas bien lourd. C'était faisable. Il y avait à Nordhausen une espèce de grande place sur laquelle des DC-3 pouvaient atterrir doucement.

Je peux dire qu'on était heureux.

Ce fut mon baptême de l'air. Un beau voyage, très agréable. Nous ne savions pas où nous allions.

L'avion s'est posé à Paris, à l'aéroport du Bourget. Quand nous avons débarqué, tant bien que mal, des soldats français nous ont présenté les armes. Ça nous a époustouflés.

Une jeune femme en uniforme est venue vers moi. Je l'entends encore : “Je suis le capitaine Vincent. Puis-je faire quelque chose pour vous ?”

On ne m'avait plus demandé ça depuis longtemps.

À Paris, nous avons logé dans l'ancien hôtel de la Gestapo.

Une petite dame très élégante, l'épouse de l'ambassadeur de Belgique, m'a invité à dîner. J'y suis allé. J'ai dîné dans une vaisselle de porcelaine ornée de la croix gammée. C'était sans doute un trésor de guerre. Mais quand même, pour un garçon comme moi, c'était étrange.

Le 26 avril (donc quinze jours après ma libération), une voiture de l'ambassade nous a conduits, mon ami Gilbert Bontemps et moi, à Bruxelles. Là-bas, j'ai retrouvé mon frère, le jésuite bollandiste, et deux de mes enfants, les aînés, Marie-Jeanne et Vincent. Afin de soulager leur mère, mon frère les avait inscrits au pensionnat du collège Saint-Michel.

Marie-Jeanne et Vincent ont été appelés au parloir. En voyant mes enfants si changés, si grands, si beaux, je me suis mis à pleurer. Je m'étais pourtant imaginé que je ne pourrais plus jamais pleurer.

Ils ne disaient pas un mot. J'ai eu l'impression qu'ils ne me reconnaissaient pas.

Avec cette capote de l'armée belge, bien trop grande pour moi, que l'on m'avait fournie, et avec mes lunettes cassées sur le nez, je devais faire piètre figure.

Mon frère a demandé à une amie bruxelloise de m'héberger pour une nuit. Elle devait lui confier plus tard : "J'ai eu peur qu'il ne meure dans ce lit, tant il était faible..."

Heureusement, elle ne me l'a pas dit.

Le lendemain, une voiture de l'ambassade nous a conduits chez moi, à Tilff. J'ai retrouvé ma femme, Denise, et mes autres enfants.

Denise me dira plus tard: "Je t'embrassais, je t'embrassais... Et il me semblait que je ne trouvais pas ton corps..."

J'ai soupé. Et puis je me suis dit: "Si je me mets au lit maintenant, je ne pourrai jamais me relever."

J'ai fait encore une visite-éclair à mes parents, à Esneux.

Ensuite, je me suis écroulé...

Depuis quinze jours, je vivais sur mes nerfs, porté par l'euphorie de la liberté retrouvée. Par quel miracle avais-je pu accomplir un tel périple ?»

7.

Écrire ses souvenirs

« Ma convalescence allait durer un an.

Le recteur de l'Université de Liège et le professeur Brull, éminent médecin, m'ont rendu visite à l'hôpital. Brull a soulevé ma couverture, il m'a regardé et il a dit : "Quel bel œdème !" Une remarque de spécialiste. J'en ai ri moi-même.

J'ai reçu aussi la visite de trois grands amis : Guy Delrée, Maurice Danse et John Gheur, votre père, cher Bernard. J'ai eu les larmes aux yeux quand nos trois "zélateurs" d'autrefois sont entrés dans ma chambre d'hôpital. Il est bon de pleurer. Ma jeunesse resurgissait. Que de souvenirs ! Que de promenades ensemble à la campagne ! Que de longues conversations ! Les conceptions morales, l'avenir, l'absolu…

J'ai remercié Guy Delrée d'avoir accompli ce voyage extraordinaire à Nordhausen pour me récupérer.

En fait, il valait mieux qu'il ne m'ait pas trouvé là-bas. Je ne me vois pas, si faible, revenir en Belgique dans sa Jeep cahotante. J'y serais peut-être resté. Mais ça, je ne l'ai pas dit à Guy.

Je n'ai jamais oublié cet acte d'amitié. Ça lui ressemble.

À l'hôpital, j'enrageais de ne pouvoir manger davantage. Et quand des visiteurs m'apportaient des friandises, je les regardais, les friandises, avec concupiscence. Ma femme arrivait. Hop ! Elle les prenait, elle les enlevait. Elle avait bien raison.

Je réfléchissais à mon futur livre.

L'histoire de la guerre m'a toujours passionné. Il est vraisemblable que mon aventure elle-même m'intéressait. Je me regardais vivre, et peut-être mourir. Je continuais, un peu malgré moi, à prévoir qu'un jour j'aurais à témoigner comme historien.

— Vous aviez pris des notes en captivité ?

— Je l'avais fait à Gross-Strehlitz. C'était interdit. Je mettais mes notes dans la doublure de mon manteau (car j'avais encore un manteau là-bas). Quand je suis arrivé à Gross-Rosen, on m'a tout pris. Ce qui fait que j'ai dû alors me fier à ma mémoire. Mais tout de même, j'ai oublié bien des choses.

À présent, je les ai surtout oubliées parce que je les ai écrites.

— Que voulez-vous dire ?

— C'était l'idée de Marie Delcourt, ma collègue à l'Université de Liège. Elle habitait Tilff, comme nous. Quand je suis rentré en avril 1945, elle est venue me voir. J'étais très bas. Elle m'a dit : – Vous devriez écrire vos souvenirs. – Mais pourquoi ? – Pour pouvoir les oublier. »

Quatrième partie

UN BONHEUR MYSTÉRIEUX

1.

Soleil d'automne

Je tourne quelques pages de notre grand album, dont la couverture grenat se démantibule un peu. Les photos se décollent, avec le temps. Des auréoles apparaissent, certaines images se sont obscurcies. C'est la pauvre qualité des années de guerre.

Mon regard s'attarde sur une série de photos mieux préservées. L'atmosphère y est toute sereine.

La guerre est finie. Mais papa porte encore l'uniforme. Il a été détaché à la Mission Rhénane Belge, à Ruhrort. Pour l'heure, il est en permission. Il prend un verre de porto en compagnie de son oncle Eugène, sous l'auvent du jardin de Coronmeuse.

La lumière dorée qui baigne le petit jardin de ville est douce et fragile. Un soleil de septembre ou d'octobre.

« Mammy » est née. Elle n'est plus seulement « Marthe ». Deux gosses, Françoise et Jean-Paul, l'entourent. Elle est rayonnante. Et ce gros bébé chauve ? C'est moi !

Autre photo : dans le fond du jardin de Coronmeuse, devant le buisson d'aucubas, on voit Jean-Paul, un chapeau de cow-boy enfoncé sur la tête, un revolver jouet à la main, à côté de Françoise qui a revêtu la tunique de daim, à franges. La vraie, jadis portée par les coureurs des bois de l'Alberta. Elle tombe jusqu'aux chevilles de la petite fille.

Nous sommes au commencement de l'après-guerre. Je n'ai pas encore de mémoire.

Dans une lettre du 10 octobre 1945, maman annonce à sa sœur Jeanne que Monsieur Guy est guéri de la fièvre typhoïde, après plusieurs semaines d'hospitalisation. Elle écrit aussi : « Bernard est magnifique ! Avec son humeur charmante, ses gentilles manières, et ses 10 kg 600, il y a de quoi s'enorgueillir pour un fils des robots ! »

Les années 1940 allaient vers leur fin. L'époque était pleine de mystère.

La guerre restait présente. Obsédante.

Il y avait encore dans les familles la hantise de manquer des aliments essentiels, la sainte horreur du gaspillage. Je me souviens des colères de mon père, à table, quand nous faisions la fine bouche devant certains légumes. « Vous irez en Allemagne ! » disait-il.

Toutes les écoles comptaient des orphelins et des orphelines. Dans certaines familles, on attendait encore le retour du papa. Un jour, une copine de ma sœur Françoise l'entraîna dans la chambre à coucher de ses parents. Elle ouvrit une penderie et lui montra plusieurs costumes d'homme. « Regarde, Françoise. Ce sont les habits de mon papa. Il va peut-être revenir d'Allemagne. »

Michel, un ami, un confrère journaliste, m'a raconté :

« En 1945, j'avais quinze ans. Mon père était résistant. Il appartenait à un réseau dont la couverture était un club de joueurs d'échecs à Bruxelles. C'est là qu'il avait été arrêté.

À la fin de la guerre, il avait été libéré et hospitalisé en Allemagne. Nous l'attendions, maman et moi.

Papa adorait la musique classique. J'ai acheté trois disques 78 tours, les Symphonies de Beethoven, pour les lui offrir à son retour. Je me réjouissais tellement de les écouter avec lui !

Un matin, j'ai trouvé dans notre boîte aux lettres une enveloppe de la Défense nationale, qui ne m'était pas destinée. Pourquoi l'ai-je ouverte ?

Au milieu de phrases administratives, j'aperçus le mot *décédé*.

Mon père était mort à l'hôpital.

Alors j'ai jeté par terre les trois disques, je les ai cassés en mille morceaux… »

2.

Premier été à Bérinzenne

Deux bâtisses se sont longtemps fait face, isolées au bord des fagnes, sur les hauteurs de Spa. C'étaient la haute villa et la ferme de Bérinzenne.

Maman adorait l'endroit.

« L'air y est merveilleux. »

Dans une lettre à Jeanne, elle raconte sa première expédition à bicyclette là-haut. Elle révèle l'idée qui lui est venue : et si nous passions ensemble à Bérinzenne les prochaines vacances ? Pourquoi pas ?

Le 13 juin 1946

« Ma chère Jeannot,

Entrepris tout à l'heure l'ascension de Bérinzenne. À vélo, avec Jean-Paul au panier, il m'a fallu une heure un quart (par route), sans souffler ! Il faisait d'ailleurs une jolie chaleur. Mais il me semble que le résultat en vaut la peine.

Tu connais cet endroit magnifique. Les fermiers n'y sont que depuis mai. Très aimables. Trois fillettes : quinze ans, sept ans, trois ans.

La cuisine est fort spacieuse, avec vue sur la cour de la ferme. Dalles grises.

En face se dresse la villa à colombages, très haute, bien dans le style spadois. Elle appartient à un Bruxellois. J'ai pu la visiter. En entrant, j'ai remarqué un antique peigne à myrtilles, accroché à un mur. Tu sais, la fagne est à deux pas d'ici. Au fond du salon du rez-de-chaussée, il y a un grand âtre, avec un tas de bûches, des chenets, un tisonnier… Tu imagines les flambées que nous ferons ! Du deuxième étage, on a une très belle vue sur la vallée lointaine. La chambre du fond est inoccupée. Les murs sont encore couverts de graffitis laissés par des soldats américains qui logeaient là-haut pendant l'offensive von Rundstedt.

L'électricité n'existe pas encore à Bérinzenne. Il faudra s'éclairer aux bougies et aux lampes à pétrole. Pour ses travaux, le fermier utilise une éolienne, installée dans l'une de ses prairies.

Tous les produits de la ferme (dix vaches) seront à notre disposition.

Figure-toi que j'ai pris une option pour une location cet été !

Le loyer ? Très raisonnable ! Mais je n'ai pas la mémoire des chiffres. On vous expliquera.

J'ai dégringolé toutes les pentes en quinze minutes ! L'aller est d'ailleurs beaucoup plus court lorsqu'on emprunte les raccourcis.

Que pensez-vous de tout ceci ? Personnellement je perds mon latin, et passe par tous les degrés : de l'enthousiasme au marasme ! Est-ce que c'est une bêtise ou une trouvaille ? Je n'en sais rien moi-même. »

À l'idée des bougies et des lampes à pétrole, les yeux de maman ont dû briller. Je la vois d'ici.

Paula gagne sa sœur à son projet.

L'opposition vient de leurs père et mère.

Paula écrit à Jeanne : « J'entends encore maman dire à une amie, au téléphone : "Ça me fait une peine de les savoir si à l'écart de notre villa de Spa et dans un tel inconfort – et les mines donc !" »

Pierre Plein, le bouddha de la villa de Spa, est encore plus boudeur. À propos de la vaisselle à apporter éventuellement à Bérinzenne, le marchand de porcelaine s'insurge…

« Je n'entends pas qu'on me dépareille la villa de Spa : tels sont les termes paternels. Je préfère encore manger à même la marmite, à supposer qu'il y en ait une ! Qu'il y ait quelque chose dedans ! Qu'il y ait du bois pour entretenir le feu ! Que nous n'ayons pas tous sauté sur une mine ! Que le taureau ne nous ait pas déchiquetés ! (Car il y a un taureau, mais oui, et méchant.) »

On ne sait jamais s'il faut prendre au sérieux les paroles de bon-papa.

Des mines ?

Ce n'est pas impossible… La région garde des cicatrices de la guerre.

Le 23 avril 1944, un bombardier Lancaster anglo-canadien, touché par un chasseur de nuit allemand, s'est abattu dans la fagne, à mille mètres de Bérinzenne. Les sept membres d'équipage ont été tués. La chute de l'avion a ouvert un profond cratère qui se remplit d'eau et devient une mare comme les autres.

En décembre 1944, lors de l'offensive von Rundstedt, les combats ont fait rage sur l'autre versant de ces collines, du côté de La Gleize.

Ma mère avait raison.

À voir les photos réunies dans le grand album grenat, les vacances des deux familles sur ces hauteurs sauvages furent idylliques. Armées de leur Rolleiflex, Paula et Jeanne mitraillèrent leurs jeunes enfants, juchés sur un muret ou entassés sur un char à foin tiré par un gros cheval. Ces fillettes qui partent en promenade, main dans la main… L'arbre tout tordu qui monte la garde à l'arrière-plan est une vieille connaissance.

À quoi les filles jouaient-elles ?

Brigitte, l'une de mes cousines, me le révèle :

« Nous devions avoir cinq ou six ans, et chose incroyable, j'ai l'impression que toutes nos activités se passaient autour du mur, dans la cour de la ferme. C'était un mur fait de pierres très irrégulières, recouvert de pierres plates, genre ardoise, sur lesquelles on pouvait s'asseoir ou se tenir debout. Nous collections des feuilles diverses, des petites fleurs, et des mûres (le plus souvent vertes) et nous arrangions tout cela dans les trous du mur… C'était une exposition d'œuvres d'art. Ou bien cela devenait notre petit magasin, selon l'inspiration du jour. Nous n'allions pas dans les prairies, sauf lors des foins, cérémonie passionnante que nous observions avec envie. Seules les aînées, coiffées d'un foulard à cause de la poussière, pouvaient aider à retourner le foin. »

Quant à moi, cet été-là, j'avais un an et demi. Et des cheveux longs, tout blonds. Je ne me souviens de rien. Pour moi, c'est un été éteint. Rêvé. Irréel. Seules quelques odeurs de ferme m'ont marqué, mystérieuses. Celle qui régnait au fond d'une sombre porcherie. Celle d'une montagne de foin, dans la grange…

Nous reviendrons à Bérinzenne. Adolescents, nous y passerons d'autres étés. Nous y vivrons d'incroyables hivers, isolés du monde par une neige épaisse et craquante.

Et tout là-haut, à côté de la mansarde encore hantée par des G.I.'s de 1944, j'achèverai de taper mon premier roman, *Le Testament d'un cancre.*

Bérinzenne ! Dans cette villa un peu fantasque, à son image, Paula avait trouvé la maison de sa vie. Elle aimait ce grand horizon, la gloire éphémère des soleils couchants qui emplissait la fenêtre du salon. Derrière la ferme, au-delà d'un très vieil orme, se déployaient les fagnes infinies. Et nous, là-haut, libres comme l'air, nous échappions aux misères de l'adolescence.

La villa merveilleuse de maman a été démolie au début des années 1970. La ferme d'à côté est devenue le Musée de la Forêt. L'orme trois fois séculaire continue de vivre sa vie.

3.

L'ange et l'enfant

Durant l'automne 1947, deux grands événements, dont je ne garde aucun souvenir, s'étaient produits dans la famille : la naissance de notre petite sœur Anne, et notre installation dans une maison de la rue Trappé.

Une lettre de Paula à Jeanne, écrite le dimanche 29 février 1948, me rappelle pourtant quelque chose…

« Jean-Paul et Bernard sont deux joyeux lurons qui ont énormément de plaisir ensemble.

Je n'ai aucune envie de fourrer Jean-Paul à l'école, tant l'autre serait désemparé sans lui ; Bernard continue à être fort gros – un peu trop à mon goût, quoiqu'il soit perpétuellement en mouvement et pas d'une nature indolente.

Ils jouent sans se lasser au Sioux, au bandit masqué, et cet être peu belliqueux qu'est Jean-Paul possède une imposante collection d'armes de toutes sortes. C'est curieux, cet instinct guerrier qu'ont les garçons, même s'ils sont douillets et pusillanimes.

Jean-Paul et Bernard sont de vrais gamins – surtout depuis que le coiffeur leur a tondu les semi-boucles qui les féminisaient. »

Jean-Paul et moi chez le coiffeur pour la première fois…

C'est l'un de mes plus vieux souvenirs – lié, cette fois encore, à une émotion forte.

Je pleurais à chaudes larmes tandis qu'une main inflexible me conduisait chez Monsieur Turquin, le « scalpeur » professionnel, la terreur des petits garçons des alentours. En partant de la place Coronmeuse, son salon de coiffure était tout au bout de la rue Saint-Léonard, près du pont Maghin.

Je ne pouvais plus m'esquiver. Et dire que cette main inexorable était celle de notre si gentil oncle Eugène ! Qu'est-ce qui lui prenait ? Pourquoi cette traîtrise ?

Jean-Paul nous suivait. Stoïque.

Il fut supplicié le premier.

Je regardais mon grand frère revêtu d'une blouse blanche. Le bruit si déplaisant de la tondeuse mécanique commença, sur fond de chants de canaris en cage. D'épaisses mèches brunes tombaient sur le sol. L'appareil traçait des lignes blanchâtres sur le crâne de mon pauvre frère. Pour finir, le coiffeur prit un flacon et lui aspergea la tête. Jean-Paul descendit du siège.

Au moment où mon grand frère – méconnaissable – passait près de moi, je lui demandai, tout bas :

« Dis, Jean-Paul, est-ce que ça fait mal ?

— Oui, quand même…

— Pourtant, tu n'as pas pleuré. »

Mon frère eut un petit sourire désinvolte, à la Errol Flynn.

Il puait le « sent-bon ». Comme une fille. Je faillis le lui dire. Il n'eût pas apprécié.

Jean-Paul s'assit sur une chaise et se plongea dans un comics, *Tarzan seigneur de la jungle*, que le « scalpeur » du quartier du Nord mettait à la disposition des enfants.

Maman m'a raconté que, dans les années 1920, André, le petit frère de John, emmené chez le coiffeur par oncle Eugène, avait fait lui aussi son cinéma. C'était déjà le salon du « scalpeur ». Déjà le chant des canaris en cage, aux variations moqueuses. Et déjà les comics de Tarzan l'homme singe, ou de Buffalo Bill.

Au début de la seconde séance, André avait dit au coupeur de tifs :

« Je vous en supplie, Monsieur Turquin, coiffez-moi une bonne fois comme Monsieur Plein ! »

Un crâne tout nu retarderait la visite suivante chez l'homme à la tondeuse diabolique.

Le mot du petit garçon enchanta oncle Eugène, qui s'empressa de le rapporter à son ami Pierre Plein.

En septembre 1948, Jean-Paul entra à l'école primaire. Je restai à la maison. Privé de mon principal compagnon de jeux, je me tournai vers notre petite sœur Anne.

Il était très facile de jouer avec cette mioche. Il suffisait d'un peu d'imagination. Elle gobait tout.

Si je lui disais, par exemple, que le pot de chambre enfermé dans la table de nuit était un lion nommé *Orkoff*, ma sœur trouvait cela tout à fait normal. Pendant quelque temps, elle redouta Orkoff. Elle surveilla le fauve. « Du calme, Orkoff ! » grondait-elle en refermant la porte de la table de chevet. Pourvu qu'il ne sorte pas de sa cage ! Le nom que j'avais donné à notre lion imaginaire dérivait de Surcouf et de Michel Strogoff, mes héros préférés. Notre ménagerie du deuxième étage hébergea aussi un tigre, dont le nom m'échappe.

Anne aimait avoir peur. Les sourires et les larmes se mélangeaient sur son visage, comme le soleil et la pluie coexistent, les jours où, selon le dicton, « le diable marie sa fille ».

Pendant ce temps, Jean-Paul faisait ses premiers devoirs, bien réels, sous l'égide de sa grand-mère. « Mais qui est donc cet Orkoff ? » devait-il se dire, quand il entendait son frère et sa petite sœur jouer sans fin, galoper d'une chambre à l'autre, en lançant des cris d'effroi. Quel était ce nouveau délire ? Je crois qu'il enviait un peu notre douce folie de mômes. Pour l'heure, penché sur son cahier de calcul, il avait un problème à résoudre.

Et nous voici en 1950.

L'année de mon beau voyage en voiture, seul avec papa, jusqu'à l'abbaye de Clervaux – en passant devant le château de Hautregard.

Par la suite, quand nous revenions de Spa, papa aimait quitter la grand-route et prendre son fameux « raccourci ». Je guettais l'apparition du château aux deux tourelles circulaires. Mes sœurs protestaient : « C'est plus long par ici ! » En voiture, elles avaient parfois mal au cœur.

Je fis ma première communion. L'instituteur nous incita à prendre une assurance pas comme les autres, une « assurance-paradis », en quelque sorte. Il distribua des cartons-calendriers spéciaux, sur lesquels nous aurions à coller neuf petits cœurs rouges. En communiant le premier vendredi de chaque mois, pendant neuf mois d'affilée, sans en louper un seul, nous obtiendrions une *indulgence plénière*. Si j'ai bien compris, nous serions sûrs alors d'aller au ciel. Bingo !

Les leçons de catéchisme me plaisaient. Je revois le maître faire son petit tour de magie : il réunissait les flammes de trois allumettes pour symboliser le mystère des trois personnes en un seul Dieu. Il nous donnait de belles images bibliques à colorier en classe. Je sortais ma boîte de crayons de couleur Caran d'Ache et me mettais à l'œuvre, allégrement. Quelques images m'ont marqué : Jonas et la baleine, ou encore l'ange gardien qui empêchait un enfant de tomber dans un précipice.

Les scènes de sauvetage au bord du vide… Alfred Hitchcock en a fait son leitmotiv. Une réminiscence de son éducation catholique ? Le maître du suspense avait-il colorié lui aussi, à l'école, la vignette de l'ange et l'enfant ?

Nous grandissions. Maman ne se lassait pas d'écrire à sa chère Jeannot…

20 janvier 1950

«J'ai eu trente-cinq ans il y a quatre jours. C'est un terme ! Pas mal de cheveux gris, et un air raplapla qui ne fait pas illusion ! Enfin, je me console en voyant mes gros enfants pousser dans la vie avec exubérance et enthousiasme.

John perd ses cheveux, prend sérieusement du ventre, mais garde son sourire conquérant et son abord sympathique. Enfin, c'est mon avis ! Qu'importe les rides, pourvu qu'on ait la joie de vivre !

Je vous quitte tous les deux sur cette impression pseudo-mélancolique. John coupe les pages d'un bouquin, en face de moi, au même bureau, parce que le radiateur rend cette chambre seule habitable ! Il ne se doute guère que je philosophe sur… son crâne dénudé !

Adios sister !

Paula»

15 avril 1998

ÉPILOGUE

J'ai apporté à maman, dans sa chambre d'hôpital, l'un de mes romans, tout frais réédité en collection de poche. L'un de ces textes qu'elle avait lus et relus, corrigés, parfois à mesure de l'avancement du manuscrit.

Ce livre, maman le regarde à peine. Elle n'a plus l'esprit à cela.

Je voulais lui réciter un poème qu'elle aime. Celui de Musset, par exemple. *La lune, comme un point sur un «i»*... J'y renonce.

Elle semble si faible, ce matin.

Je lui prends la main, de peur qu'elle ne s'esquive.

Jadis, quand elle partait faire ses courses avec moi sur le trottoir étroit de la rue Saint-Gilles, sa main impérieuse retenait mes élans de petit garçon.

Mais voilà que notre petite maman nous file entre les doigts, comme une poignée de sable.

Paula s'en va. Un jeune homme souriant l'attend au royaume des ombres. Elle en est sûre.

Et les mots jaillis de sa plume pour sa sœur confidente après le retour de John, en avril 1942, retrouvent-ils un sens ?

C'est la plus heureuse femme de la terre qui t'écrit ici.

La chambre de maman donnait sur un parc. Il y avait ce jour-là un joli soleil de printemps, je m'en souviens très bien, et le doux requiem des oiseaux.

Merci…

À Francesca Hainaut, première lectrice de La Grande Génération, *fine correctrice.*

À Agnès et à Charlie pour leurs critiques constructives.

À Brigitte Brasseur-Legrand, ma cousine littéraire, qui m'a ouvert ses archives familiales.

À Éric Legrand, pour ses lumières sur nos ancêtres allemands.

À Christian Libens, mon cher directeur littéraire.

À Justine Sanglier, des Éditions Weyrich, rassurante interlocutrice des auteurs.

À Emilio Licata, infographiste.

À Madeleine Morgenstern, bienveillante et constante, dans l'esprit de François Truffaut.

À Patricia Guédot, éditrice de la Correspondance de François Truffaut avec des écrivains, *recueillie par Bernard Bastide (Gallimard, 2022). Elle m'a donné confiance dans ce nouveau manuscrit.*

À Noé, mon petit-fils, étudiant en musicologie à Toulouse, toujours à l'écoute de mes projets littéraires.

TABLE DES MATIÈRES

Dans la collection Plumes du Coq, créée en 2011 par Alain Bertrand et Christian Libens

André-Marcel Adamek, *Oxygène ou les chemins de Mortmandie*, 2012.
Line Alexandre, *Jeanne derrière la porte*, 2015.
Line Alexandre, *L'Enclos des fusillés*, 2017.
Christine Aventin, *Portrait nu*, 2018.
Thilde Barboni, *Affaires de famille*, 2016.
Catherine Barreau, *L'Escalier*, 2016.
Catherine Barreau, *La Confiture de morts*, 2020.
Léo Beeckman, *Dos au public*, 2018.
Alain Bertrand, *Le Lait de la terre*, 2011.
Alain Bertrand, *L'Été sous un chapeau de paille*, 2014.
Jules Boulard, *La Morsure du feu*, 2022.
Bernard Caprasse, *Le Cahier orange*, 2020.
Bernard Caprasse, *La Dérive des sentiments*, 2022.
Bernard Caprasse, *Le Testament inattendu*, 2024.
Frédéric Chef, *Le Colporteur magnifique*, 2016.
Dominique Costermans, *Les Petits Plats dans les grands*, 2021.
Dominique Costermans, *Outre-Mère*, 2024.
Ghislain Cotton, *Le Passager des Cinq Visages*, 2012.
Alain Dantinne, *La Promesse d'Almache*, 2014.
Alain Dantinne, *Brise de mère*, 2017.
Alain Dantinne, *Une gravure satanique*, 2023.
Jacques De Decker, *Le Ventre de la baleine*, 2015.
Bernadette De Rache, *La Fille sur le banc*, 2021.
Bernadette De Rache, *Autopsie d'un doute*, 2023.
Catherine Deschepper, *Le Complexe du gastéropode*, 2021.
Catherine Deschepper, *Mémoires sélectives*, 2024.
Pascale de Trazegnies, *Le Mort*, 2016.
Xavier Deutsch, *Chaussée de Moscou*, 2014.

Luc Devreese, *La Mémoire du sable*, 2021.

André-Joseph Dubois, *Les Années plastique*, 2011.

André-Joseph Dubois, *Le Sexe opposé*, 2013.

André-Joseph Dubois, *Ma Mère, par exemple*, 2014.

André-Joseph Dubois, *Quand j'étais mort*, 2017.

André-Joseph Dubois, *Le Septième cercle*, 2020.

André-Joseph Dubois, *Vie et mort de saint Tercorère le maudit*, 2023.

Fidéline Dujeu, *Larmes de crocodile*, 2021.

Claude Froidmont, *Perversus ou L'histoire d'un imprimeur liégeois*, 2019.

Jean-François Füeg, *Les Oreilles des éléphants*, 2017.

Jean-François Füeg, *Notre été 82*, 2019.

Bernard Gheur, *Les Étoiles de l'aube*, 2011.

Bernard Gheur, *Un Jardin dans les Rocheuses*, 2013.

Bernard Gheur, *Les orphelins de François*, 2021.

Marcel-Sylvain Godfroid, *Le Bureau des reptiles*, 2013.

Benoit Goffin, *Messes amères*, 2022.

Benoit Goffin, *Lueurs d'ermitage*, 2024.

Xavier Hanotte, *Un Parfum de braise*, 2023.

Danièle Henky, *Baptêmes du feu*, 2018.

Michel Host, *Une vraie jeune fille*, 2015.

Jean Jauniaux, *L'Année dernière à Saint-Idesbald*, 2015.

Armel Job, *La Malédiction de l'abbé Choiron*, 2011.

Armel Job, *Sept histoires pas très catholiques*, 2016.

Eva Kavian, *Je n'ai rien vu venir*, 2015.

Alain Lallemand, *Ce que le fleuve doit à la plaine*, 2024.

Michel Lambert, *Sosies de l'amour*, 2023.

Philippe Lambert, *Le Collectionneur de soupirs*, 2015.

Éric Lammers, *Une vie de...*, 2015.

Ziska Larouge, *Au diable!*, 2017.

Ziska Larouge, *Les Chaises musicales*, 2018.
Ziska Larouge, *Hôtel Paerels,* 2019.
Christian Libens, *La Forêt d'Apollinaire*, 2013.
Christian Libens, *Sève de femmes*, 2020.
Christian Libens, *Quelques années et leurs poussières*, 2024.
Pascal Lorent, *Retour à Anvie*, 2023.
Geneviève Mairesse, *Les Mémoires enroulées*, 2019.
Nicolas Marchal, *Le Grand Cerf,* 2016.
Nicolas Marchal, *Les faux Simenon*, 2019.
Jacques Nicolas, *Le Traceur de lignes*, 2017.
Nathalie Nottet, *L'Envers des pôles*, 2015.
Nathalie Nottet, *Le Premier Accroc*, 2022.
Jean-Pierre Poccioni, *Lungomare Bellini*, 2019.
Jean-Sébastien Poncelet, *La Tendresse des séquoias*, 2016.
Jean-Sébastien Poncelet, *L'Envol de l'amazone*, 2018.
Philippe Remy-Wilkin, *Les Sœurs noires*, 2022.
Denis Riguelle, *Rue des Brasseurs,* 2014.
Thierry Robberecht, *Entre mes bras*, 2012.
Thierry Robberecht, *Onnuzel*, 2018.
Thierry Robberecht, *Trouver sa place*, 2022.
Frédéric Saenen, *La Danse de Pluton*, 2011.
Frédéric Saenen, *Stay behind*, 2014.
Frédéric Saenen, *L'Enfance unique*, 2017.
René Swennen, *L'Ombre de Palerme,* 2012.
Luc Templier, *Les Derniers jours du Moi*, 2018.
Olivier Terlinden, *Au-delà du vieux mur,* 2024.
Pascale Toussaint, *J'habite la maison de Louis Scutenaire*, 2013.
Christine Van Acker, *Ceux que nous sommes*, 2016.
Linda Vanden Bemden, *La Reine, la loi, la liberté*, 2019.
Jean-Jacques Vander, *La Voie des profondeurs*, 2015.

Achevé d'imprimer
en août 2024